Web

数码港元

Web3.0构建香港新金融

郎咸平◎著

德林新经济研究院◎出品

3.0

人民东方出版传媒

People's Oriental Publishing & Media

东方出版社

The Oriental Press

图书在版编目（CIP）数据

数码港元：Web3.0 构建香港新金融 / 郎咸平 著 . ——
北京：东方出版社，2023.12
ISBN 978-7-5207-3759-3

Ⅰ.①数… Ⅱ.①郎… Ⅲ.①互联网络—应用—金融
业—研究—香港 Ⅳ.① F832.765.8

中国国家版本馆 CIP 数据核字（2023）第 213378 号

数码港元：Web3.0 构建香港新金融

（SHUMA GANGYUAN：Web3.0 GOUJIAN XIANGGANG XIN JINRONG）

作　　者：郎咸平
责任编辑：刘　峥　马　旭
出　　版：东方出版社
发　　行：人民东方出版传媒有限公司
地　　址：北京市东城区朝阳门内大街 166 号
邮　　编：100010
印　　刷：北京文昌阁彩色印刷有限责任公司
版　　次：2023 年 12 月第 1 版
印　　次：2023 年 12 月第 1 次印刷
开　　本：880 毫米 × 1230 毫米　1/32
印　　张：6.5
字　　数：117 千字
书　　号：ISBN 978-7-5207-3759-3
定　　价：75.00 元
发行电话：（010）85924663　85924644　85924641

序

作为德林新经济研究院的开篇白皮书，郎咸平教授和我不约而同地选择了 Web3.0 这一研究课题。很多认识我的朋友可能会对此有些疑问，主要原因是本人曾于 2022 年 4 月 6 日发表了一篇题为《加密货币：是货币还是泡沫？》的长文。文中不仅阐述了加密货币的科技泡沫化，而且也总结出加密货币无法替代传统意义的信用货币的结论。可怎么不到 18 个月的时间，德林和我的观点突然转向了？

在此我想澄清两点：首先，我说的加密货币的科技泡沫确实在 2022 年 4 月美联储开始进入快速加息轨道后就破灭了，市值也在最多时跌去了 70%；其次，关于货币属性，我的观点在传统经济环境下适用，但是我当时的认知范畴却也受此局限。我要求自己以及每一位德林人能拥有批判性思维（Critical Thinking），坚持不断地挑战自己的确认偏误（Confirmation Bias），并能逐步改善自身的认知缺失（Cognitive Bias）。我在总结历史规律的同时，也在不断地学习让我"不舒服"的新生事物、新式概念、新兴科技及产业，而对区块链技术下的加密货币的不断深入学习则引领我进入了一个全新的认知范畴。所以，18 个月后的今天，我才能更谦虚地向郎教授请教关于 Web3.0 的诸多疑问。

确实，在经历了过去一年的加密货币市场泡沫的破灭，以及随之而来层出不穷的币圈乱象（包括 LUNA 稳定币崩盘和 FTX 交易所倒闭），似乎 Web3.0 的光环已褪去了几乎所有的亮泽。但也正因为如此，郎教授和我反而觉得以区块链技术为基础的加密货币目前才真正进入破茧而出的发展阶段。随着去中心化的加密货币的不断成熟，元宇宙的虚拟生态环境与现实中心化监督管理的有机结合，才能真正让 Web3.0 行业最终得到健康长久的发展。

在这样的共同认知下，作为有 23 年金融从业经验，并且已经对区块链技术、加密货币、NFT 以及元宇宙有一定研究的我，向郎教授提出了以下三个问题并希望能在这本书中找到答案。

1. 比特币没有任何有效的估值体系，它的价格到底是如何被市场界定的？

2. 在目前的全球资产类别里，股市大约占 110 万亿美元，债券占 133 万亿美元，房地产大约占 250 万亿美元，黄金占 14 万亿美元，加密货币市值却从最高点的 3 万亿美元跌落至目前仅 1.1 万亿美元。加密货币泡沫已然破灭，需要多久才能恢复，有无可能将来成为主流资产配置的一部分？

3. 2022 年 10 月香港特区政府正式对外宣布要成为全球 Web3.0 中心，但 Web3.0 是基于去中心化而产生的，这是否与政府中心化主导相矛盾？

我相信众多和我有相同背景的专业人士或多或少都有这方面的疑问，而这本书无疑用了全新的角度为我们解答了这三个问题，并在此基础上描述和展望了令人无比兴奋的前景，提出了对未来的实操建议。

再次回到我曾于 2022 年 4 月对加密货币的总结："我相信，未来加密货币会成为投资资产类别的一部分，区块链技术的最终应用也可能会颠覆整个生产效率，元宇宙或许是未来生活的一部分。但是当泡沫来临时，我们不要用对未来的无知去挑战历史过程中的经验教训。"今天的我，可以自信地为本书写序并将结语改成："我相信，未来加密货币一定会形成与黄金一样的规模甚至超越其规模的资产类别；区块链技术的最终应用也将得到充分释放从而颠覆整个生产效率；元宇宙必将成为我们生活的一部分。让我们迎接泡沫的来临与破灭，拥抱属于我们的共同历史经验教训和未来充满不确定性的美好！"

陈宁迪

德林新经济研究院院董会主席

2023 年 9 月 17 日于硅谷

在可预见的未来，全球金融市场再无创新，而能够实现跨区块链交易的数码港元将是全球金融市场最后一个创新。

前言

　　摘要： 我认为："在可预见的未来，全球金融市场再无创新，而能够实现跨区块链交易的数码港元将是全球金融市场最后一个创新。"我从 2014 年开始反对加密货币，是因为在没有监管的状态下，比特币已经沦为暗网、黑市、洗钱等地下经济的交易中介，形形色色的交易平台充满了欺诈、操纵、垄断等不法行为。既然加密货币有这么负面的影响，我们为什么还需要关注它呢？因为根据我们数理统计量化分析的结果发现，以比特币为主导的加密货币具有三大优势：第一，比股票市场波动更大，风险溢价更高；第二，超过黄金的避险特性；第三，具备抗通胀功能。比特币是唯一一个具有三大特性的金融资产，所以我们必须关注它。根据个人研究结果，我发现只有严格监管加密货币的 6+1 技术产业链，才能根除加密货币的负面特性，从而替投资人创造财富。而香港的 Web3.0 的出现就是开始严格监管 6+1 技术产业链的第一步，所以我们必须关注 Web3.0 的发展。

　　基于本书的研究，我认为，如果香港实现了 6+1 技术产业链的塑造，将造就一个以数码港元为标志的新香港。我们有理由期待新香港时代的快速到来！

Web3.0 技术可以分为两个方面：一是区块链技术，也叫分布式分类账技术；二是元宇宙技术，也叫沉浸式虚拟世界。区块链技术的诞生离不开比特币，它们是一对"孪生兄弟"。所以，在我们具体分析香港特区政府推出的 Web3.0 之前，我们必须了解以比特币为首的加密（虚拟）货币的金融属性，这样才能了解推出 Web3.0 的必要性。

由于整个学术界和业界对虚拟货币金融属性的研究基本一片空白，因此我们将对香港特区政府指定可交易的两大虚拟货币之一的比特币作出一系列的量化分析。由于我们的量化分析用了相当艰深的统计分析方法，因此，除非读者有着非常专业的统计或者数理统计的学术背景，否则我们建议读者跳过第一章，直接进入第二章开始阅读。

在第一章里，我们分两个阶段进行量化分析。第一个阶段，我们在透过 ARMA[①] 和 GARCH 量化模型[②] 比较比特币和标普500

① 自回归滑动平均模型，研究时间序列的重要方法，由自回归模型与移动平均模型为基础"混合"构成。
② 专门针对金融数据量体定做的回归模型。GARCH 对误差的方差进行了进一步的建模，特别适用于波动性的分析和预测。

的价格波动之后，得出如下结论。

1. 比特币市场的涨跌幅"尖峰厚尾"特点比股票的涨跌幅更加明显，极端涨跌幅更常见。

2. 和股票市场相比，比特币市场的波动率更大，"异方差"和波动聚集性更明显，大涨大跌行情出现的情况更多。

3. 和股票市场相比，比特币市场的"负面效应"要弱一些，主要原因是上市至今，比特币单边上涨的行情较多，很多投资者还没有经历过大跌行情。

4. 比特币市场远非"有效市场"，既不是"弱有效市场"，更谈不上"强有效市场"。换句话说，比特币市场比股票市场更加波动，更难预测。

这些结果都指向同一个结论——比特币市场相对于股票市场而言，市场成熟度更低，有效性更差，其波动幅度仍远大于股票市场。但是，市场对比特币的高风险也给出了相应的高溢价。具体来讲，比特币的日度、周度和月度的风险溢价是标普的 5.8 倍、9.6 倍和 15.6 倍。我想用一句最通俗的话将两者作个对比：**今天的比特币就是 100 年前的美股，30 年前的 A 股**——100 年前的美国，经历了 1919 年至 1921 年的美股崩盘、1929 年的大萧条、1942 年的珍珠港事件等多次股灾。其中最惨烈的大萧条时

数码港元
Web3.0 构建香港新金融

期，美股股指跌幅高达 89.19%，道指最低点只有 42。而 30 年前的 A 股，也经历了多次牛熊转换，其中最典型的是 1992 年的取消涨跌停板制度引发股市暴涨，一天之内上涨 105%。但是紧接着就是 1992 年 8 月 10 日证监会下发《关于进一步规范和加强证券市场管理工作的通知》，要求严格控制新股发行数量和价格，打击非法证券活动等。这导致股市又大幅下跌，沪指从 1429 点下跌到 386 点，跌幅高达 73%。

第二个阶段，我们通过格兰杰因果检验（Granger Causality Test）比较比特币和美元、黄金之间的因果关系之后发现，比特币还具备股票所不具备的避险功能。我们的研究显示，黄金之所以成为避险货币就是因为美元、黄金走势相反，但是碰到危机时美元、黄金就会同涨或者同跌。比特币具有与黄金一样的避险属性，我们的量化研究结果显示，美元、比特币走势也是相反的，如果碰到危机，美元、比特币就会一起涨，但是我们没有发现危机之下美元、比特币一起跌的特性。因此，比特币的避险特性和黄金相比显得更简单、更干净。此外，我们的量化分析显示，黄金、比特币全程走势相同，这个发现确定了比特币具备如同黄金一样的避险特性，这是股票所不具备的。我们想用一句通俗的话来形容比特币的避险特性：**毫无疑问，比特币已经超越了黄金，**

成为新一代的避险货币。最后，我们尝试检验比特币有没有抗通货膨胀特性。美联储从 2020 年 3 月 15 日开始的两年内疯狂"放水"，资产总额从 4.2 万亿美元暴涨到 8.9 万亿美元，两年超发货币超过美联储历史发钞总额。这么大的货币超发一定导致严重的通货膨胀预期，我们正好通过这个机会检测一下比特币是否具有抗通货膨胀特性。我们发现美联储资产和比特币的相关系数竟然高达 0.83，远远超过美联储资产和美元 0.57 的相关系数。这个结果挖掘出了**比特币的另外一个特性，那就是抗通货膨胀**。各位读者可以想象到吗？一个前所未有的新金融工具——虚拟货币——即将从蚕蛹中破茧而出完成华丽转变成为蝴蝶。这只蝴蝶具备了 100 年前的美股、30 年前的 A 股的疯狂特性，将超越黄金成为新一代的避险货币，甚至具备抗通货膨胀的特性。其必然结果就是不可预测的蝴蝶效应——蝴蝶翅膀轻轻一拍，蝴蝶效应结果难料。这也是为什么我们花费了大量的时间和精力去研究香港特区政府所主导的 Web3.0 能不能构建一个完整的 6+1 技术产业链——因为只有完整的 6+1 技术产业链才能有效监管这只美丽的蝴蝶。

本书第二章概括性地描述了 Web3.0 领域 6+1 技术产业链的由来，并从技术产业链的角度详细分析香港特区政府介入后给 Web3.0 产业链带来的巨变。从产业链的角度，我们更容易看出香港特区政府在背后作出的努力，从而更清晰地知道为什么新加坡的"去中心化金融中心"以失败告终。因为新加坡没有选择解决区块链面临的诸多问题，而是非常短视地选择了以邻为壑。最后我还分析了香港相比于日本的优势——香港作为一个城市经济体，船小好掉头，而日本的试错空间小。香港一旦试验出Web3.0 的可行模式，内地有大量的资本会过来给予支持，同时内地也有巨大的市场为香港 Web3.0 技术找到用武之地。这都是香港的独特优势。

在第三章到第九章中，我分门别类地讲了 6+1 产业链，以及香港是如何改造这条产业链的。其区块链的 6 大相关技术被香港成功改造后，终于能够成为元宇宙的技术基础，进而为 Web3.0在香港的实现铺平了道路。

第三章讲区块链技术，这是 Web 3.0 的技术基础。区块链技术是在 2008 年 11 月和比特币同时诞生的，二者像孪生兄弟一样。毫无疑问，这个技术非常有价值。但是如果我们不能把区块链技术和它的货币属性相剥离，那么它只能沦为炒作的工具。香港特区政府明确提出，Web3.0 要取得成功，必须服务实体经济，不能脱离现实世界。这个基调非常重要，是香港避免沦为炒币中心最重要的保证。

第四章讲区块链技术目前的应用，也就是虚拟币。现在市面上有上万种虚拟币，当然其中绝大部分是"从空到空"的传销币、空气币。就连最大的虚拟币交易所币安也只是交易其中的 388 种。香港特区政府目前审核通过了两家虚拟资产交易所，且只可以交易三种虚拟币，目的也是保护投资者。

第五章讲稳定币。稳定币是虚拟货币换成法定货币的中介，是虚拟币的"圣杯"。但是稳定币崩盘时有发生，即便没有崩盘，也通常不具备足额现金储备，隐藏着巨大的风险。香港特区政府研发的数码港元直接具备稳定币的功能，将来推出后可能是全球唯一的主权稳定币！

第六章讲联盟链。我认为联盟链是区块链技术向现实世界妥协的必然，是未来的趋势。因为如果没有联盟链，区块链技术就无法和现实世界产生联系。联盟链存在的价值是利用中心化的地位为线下资产上链做信用背书，确保上链资产的可信度。香港特区政府的数码港元就是以联盟的形式研发的，未来大概率会以联盟链的形式推出。到时候，数码港元将成为虚拟世界最坚实的底层资产。

第七章讲交易所，交易所是去中心化的区块链世界的中心单位，从这个角度也可以说明，一定程度的中心化是不可避免的。

但是，没有监管的交易所充满了欺诈、合谋，甚至毫无规则可言的断网、强制平仓等，丛林法则成了区块链世界唯一的通行证。香港特区政府介入后，所有交易所都要获得批准才可以运行，必须达到监管要求，比如交易所 98% 的资产必须存放在线下冷钱包，交易所必须具备反洗钱能力，等等。这为将来虚拟资产扩大交易打下了坚实基础。目前香港特区政府批准了两家交易所，加密货币正式合法化。

第八章讲政府监管。目前世界各国对虚拟币都是以事后监管为主，只有中国香港特区政府（以及日本政府）通过严格的法条进行事前监管，防患于未然。

有了这 6 个部分的规范和监管后，区块链技术才可能被纳入规范的轨道，解决空转问题。只有这样，区块链技术才能成为元宇宙最坚实的经济基础。第九章对元宇宙进行了描述和展望。

郎咸平

德林新经济研究院执行院长

2023 年 9 月 14 日于香港

目录
CONTENTS

01

比特币价格的
量化分析

2023 年 10 月 23 日，美国联邦上诉法院正式裁定，灰度投资公司（Grayscale Investments，LLC）成功赢得美国证券交易委员会（SEC）拒绝其申请现货比特币 ETF 的诉讼。这一消息推动比特币价格 1 天之内上涨了 13.8%，最高突破 35000 美元。贝莱德（Black Rock，BLK）的 iShares 比特币 ETF 已经在清算公司 DTCC 的网站上挂牌。除了贝莱德，富达（Fidelity）、方舟投资（ARK Invest）、景顺（Invesco）等主要金融机构也提交了比特币 ETF 的申请。因此，比特币已经成为一个全新的，我们都不可能忽视的金融工具，我们必须对其特性作出量化分析。

1.1 比特币和标准普尔 500 指数的对比

2012 年至今，比特币价格的走势整体是震荡向上的，其间波动很大，如图 1.1.1 所示。2012—2014 年，比特币价格迅速从几美元涨到近千美元；2017—2018 年，又迅速从几百美元上涨到上万美元；2021 年，曾突破 6 万美元，但是后来迅速跌穿 2 万美元，目前在 3 万美元上下。

我们对比特币的日涨跌幅数据做了一个简单的描述性统计；方便起见，我们加入了美国标普 500 股票指数作为参照对比，见表 1.1.1。

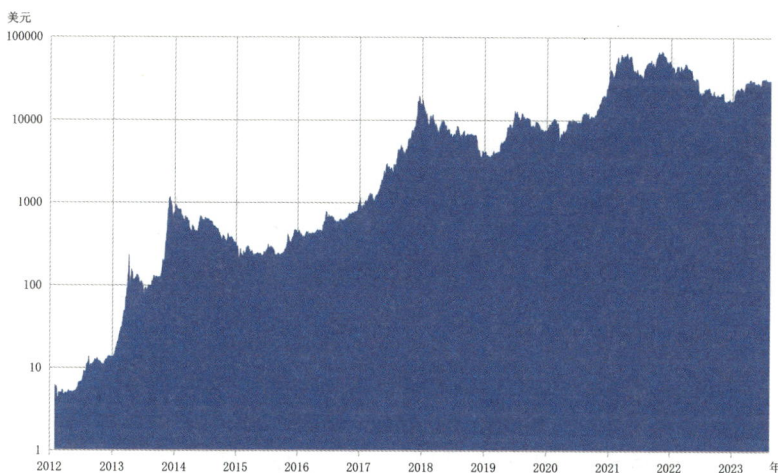

数据来源：investing.com 网站，时间从 2012 年 2 月 2 日至 2023 年 8 月 11 日。[1]

图 1.1.1　比特币价格走势（美元周线，指数坐标）

---

[1]　比特币是 7×24 小时连续不间断交易的。本书使用的比特币行情数据中的开盘价和收盘价，是格林尼治时间每天的 0 点时刻数据，每日开盘价和上一日收盘价相同。涨跌幅数据由收盘价数据衍生计算得出。

表 1.1.1   比特币和标普 500 指数涨跌幅（％）的简单统计描述

	日度		周度		月度	
	比特币	标普 500	比特币	标普 500	比特币	标普 500
最小值	-38.18	-11.98	-41.49	-14.98	-37.29	-12.51
25% 分位	-1.33	-0.38	-4.09	-0.8	-7.56	-1.11
中位数	0.09	0.06	0.93	0.36	2.83	1.72
均值	0.29	0.05	2.12	0.23	11.48	0.97
75% 分位	1.84	0.55	7.28	1.43	23.02	3.42
最大值	36.15	9.38	93.48	12.1	461.25	12.68
样本数	4204	2899	600	600	137	137

数据来源：investing.com 网站，时间从 2012 年 2 月 2 日至 2023 年 8 月 11 日。

由于长期波动上涨，比特币日涨跌幅均值为 0.29%，其周度和月度涨跌幅则更为可观，高达 2.12% 和 11.48%。相比较而言，股市的涨跌幅度较比特币温和得多，相差 5—10 倍之多。这证明最近 10 年来比特币的总体涨幅大幅高于股票市场。

风险溢价是资产预期收益率超过无风险回报率的投资回报。资产的风险溢价是对投资者的一种补偿形式，它代表向投资者支付以容忍给定投资中相对于无风险资产的额外风险。用公式表述为：

市场风险溢价 = 预期回报率 – 无风险利率

我们再对比一下比特币和标普的风险溢价。如表 1.1.1 所示，比特币日度涨跌幅的均值为 0.29%，标普为 0.05%，我们以均值代表预期回报率，而日无风险利率等于 0，则比特币的日度风险溢价是标普的 5.8 倍。同理，周度的无风险利率接近 0，所以比特币周度的风险溢价是标普的 9.6 倍。但是月度的无风险利率就不能够假设为 0 了。举例来说，3% 年化无风险利率（例如一年期国债收益率），折算为月度无风险利率则是 3% 除以 12，等于 0.25%。所以，（11.48–0.25）除以（0.97–0.25）等于 15.6，表示比特币月度风险溢价是标普的 15.6 倍。和标普相比，市场对比特币的高风险给出了相应的高溢价。具体来讲，比特币的日度、周度和月度的风险溢价分别是标普的 5.8 倍、9.6 倍和 15.6 倍。

金融时间序列的典型特征

　　金融时间序列，主要是指世界各国各交易所推出的各种交易品种的交易数据，主要包括价格数据及其衍生数据。由于金融产品的交易数据都是真实不虚的交易记录，不像经济数据是经由抽样调查推测得出的"伪"数据，而且金融数据结构完好、保存完整，所以非常适合用来做研究分析。目前关于金融时间序列的研究非常兴盛，已经细分出几个金融专业学科，比如计量经济学、金融计量学，以及统计学中的几个时间序列相关的分支。

经过研究，人们发现金融时间序列一般具备几个典型的特征：

1. 尖峰厚尾：相比于标准正态分布，金融时间序列具有更厚的尾部和更高的峰度。这表明极端事件在金融时间序列中比在正态分布中更为常见。

2. 异方差和波动聚集性：金融时间序列的方差随着时间变化而变化，即异方差性。这就是说，金融时间序列的波动时大时小，有时波动大，有时又比较平稳。从较长时间观察，人们发现金融时间序列的波动常常是聚集的，即倾向于一段时间内波动较小，而另一段时间内波动较大，很少出现剧烈波动和走势平稳在短时间内相互夹杂的情况。

3. 负面效应：金融时间序列的波动对正面信息和负面信息的反应不同，通常负面消息（利空消息）引起的市场反应相对较大，而正面消息（利多消息）对市场的影响则相对较小。

金融市场上大量交易的股票、债券、外汇、商品及其指数、基金等的走势（涨跌幅）序列，作为典型的金融时间序列，经过研究分析验证，都满足这些典型的特征。

那么，比特币从创造到推出交易至今，是否也和这些普通的金融序列一样，具备这几项典型的特征呢？我们来一一进行验证。

比特币涨跌幅的尖峰厚尾

从表 1.1.1 中可以看出，比特币每天的涨跌幅平均值是小幅正数，而且波动也比标普 500 指数（图 1.1.2）要大很多。我们用直方图把比特币每日涨跌幅的分布直观地展示出来，并添加上均值和方差都相同的理论标准正态分布的分布曲线作参考，如图 1.1.3 所示。

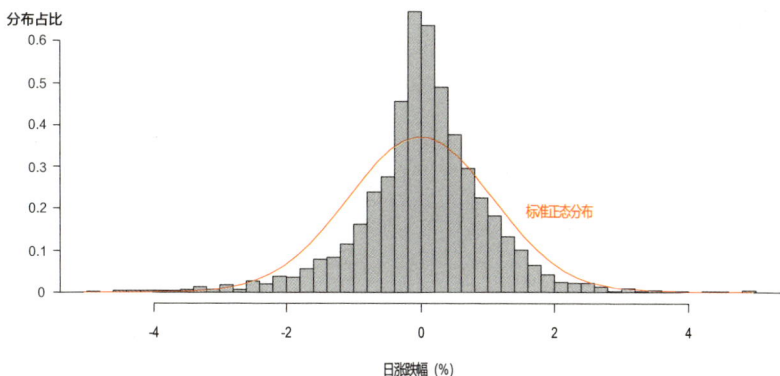

图 1.1.2　标普 500 指数日涨跌幅分布直方图

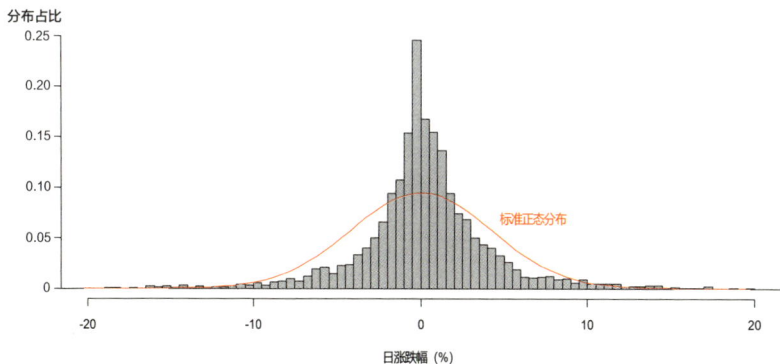

图 1.1.3　比特币日涨跌幅分布直方图

从图中可以清晰地看出，比特币日涨跌幅数据的分布和标准正态分布之间存在比较明显的差异，其"尖峰厚尾"的特点非常明显——在 0 附近的分布更加集中，显得波峰更尖，而在两侧尾部则明显比标准正态分布更多。

在统计学中，"峰度"是表征概率密度分布曲线在平均值处峰值高低的特征数。峰度的计算方法是将数据分布的四阶中心矩除以标准差的四次方，即：

$$峰度 = （X - \mu）^4 / \sigma^4。$$

其中，X 是样本值，μ 是样本的均值，σ 是样本的标准差。

峰度越大，说明其分布越陡，更加"尖峰厚尾"。正态分布的峰度值是常数，等于 3。以正态分布为基准，峰度 > 3，说明分布更陡峭，两端异常值较多；峰度 < 3，说明分布比较平均，且两端没有异常值。作为参考，均匀分布的峰度为 1.8。

表 1.1.2 显示不论比特币还是标普 500 指数，其涨跌幅数据的峰度都明显高过正态分布，具备显著的"尖峰厚尾"的特点。

表1.1.2　比特币和标普500指数涨跌幅的峰度

峰度	正态分布	比特币涨跌幅	标普500 涨跌幅
日度	3	12.83	18.11
周度	3	10.51	10.03
月度	3	61.16	3.83

比特币的异方差和波动聚集性

我们可以根据比特币的每日涨跌幅数据，滚动计算出每天的历史波动率数据。具体就是，我们以每30天为一个窗口，计算这30天内涨跌幅的波动率，将其视为窗口内最后一天的波动率。然后这样一天一天地向后滚动窗口，计算出所有日期的波动率数据，见表1.1.3。

表1.1.3　比特币和标普500指数波动率（%）的简单统计

	最小值	25% 分位	50% 分位	均值	75% 分位	最大值
比特币	0.78	2.40	3.32	3.69	4.53	14.48
标普500	0.22	0.56	0.75	0.91	1.10	6.12

从统计来看，比特币的30天滚动波动率平均值在3.69%，但是波动率变动很大，最小的时候低于1%，最大的时候超过10%。

而标普 500 的波动率则小很多，均值 0.91%，在 1% 以下，而且历史上大部分时候都在 2% 以下。很明显，比特币的波动率是随时变动的，而且波动比较大，远超标普 500 指数的波动率。

我们将比特币和标普 500 的滚动波动率画在图 1.1.4、图 1.1.5 上。从图 1.1.4 中可以清晰地看到，比特币的波动率是随时间变动的，也就是说比特币的涨跌幅序列是异方差的，而且具有波动聚集性，波动率较大的时候集中在少数几个时段。例如，波动率超过 8% 的情况只出现在图中方框标出的少数几个时段，这就是波动聚集性。图 1.1.5 显示的标普 500 的情况类似。但是股市的波动幅度远没有比特币大。我们看到比特币的波动率大致在 1%—6%，而标普 500 的波动率基本上在 2% 以下，最近 10 年的最大波动率仅为 6% 左右，大幅低于比特币最大 14% 左右的波动率。

在统计学上，时间序列的异方差问题可以用 GARCH 模型来进行建模拟合。GARCH 模型（广义自回归条件异方差模型，Generalized Autor–Regressive Conditional Heteroskedasticity Model）由恩格尔（Robert Engle）在 1982 年提出[1]，专门针对

---

① 参见恩格尔 1982 年于《计量经济学》杂志（第 50 卷，第 987—1008 页）发表的文章《英国通胀数据方差估计中的自回归条件异方差问题》。

金融市场中的波动聚集性现象。

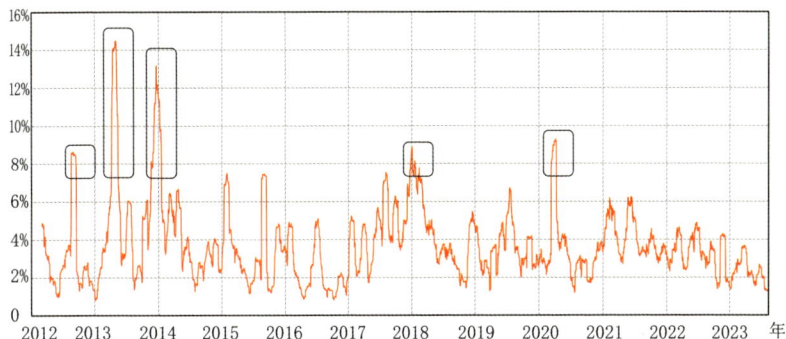

图 1.1.4   比特币 30 日滚动波动率

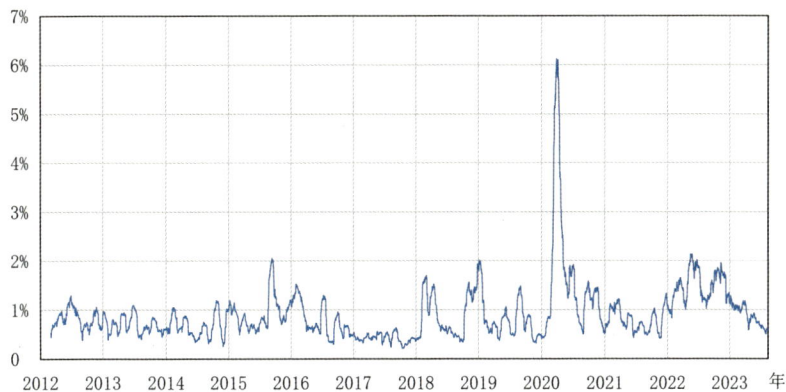

图 1.1.5   标普 500 指数 30 日滚动波动率

GARCH 模型是针对金融序列的波动率，模型的被解释变量是每一期模型残差的波动率。它是一个条件异方差模型，假设误差项的方差是过去误差项的函数。具体来说，GARCH（p，q）模型的方差函数如下：

$$\sigma_t^2 = \omega + a_1\varepsilon_{t-1}^2 + \cdots + a_p\varepsilon_{t-p}^2 + b_1\sigma_{t-1}^2 + \cdots + b_q\sigma_{t-q}^2。$$

其中，ω 是常数项，a_i 和 b_i 是模型参数，ε_i 是随机误差项，σ_i^2 是条件方差，p 和 q 是正整数，分别代表了模型的阶数。针对确定模型的阶数 p 和 q，常用的方法是用递增法不断增加阶数，直至新增加的阶数不再显著为止。

GARCH 模型可以看作是针对波动率方差的 ARMA 模型，它使用历史若干期的波动率来预测解释当前一期的波动率，认为波动率具有自相关性，自相关性在外则表现为波动聚集现象。

针对比特币的日度波动率走势，通过统计方法分析建模，我们可以拟合出如下的 GARCH（1，1）模型：

$$\sigma_t^2 = 0.000085 + 0.145\varepsilon_{t-1}^2 + 0.815\sigma_{t-1}^2。$$

然后我们增加 p、q 的阶数，可以拟合出如下的 GARCH（2，2）模型：

$$\sigma_t^2 = 0.00002 + 0.16\varepsilon_{t-1}^2 + 0.15\varepsilon_{t-2}^2 + 0.6\sigma_{t-2}^2。$$

我们再增加 p、q 的阶数，可以拟合出如下的 GARCH（3，3）模型：

$$\sigma_t^2 = 0.00002 + 0.23\varepsilon_{t-1}^2 + 0.04\varepsilon_{t-3}^2 + 0.38\sigma_{t-1}^2 + 0.05\sigma_{t-2}^2 + 0.23\sigma_{t-3}^2。$$

其中标红的系数是统计不显著的。

我们再增加 p、q 的阶数，可以拟合出如下的 GARCH（4，4）模型：

$$\sigma_t^2 = 0.00002 + 0.16\,\varepsilon_{t-1}^2 + 0.014\,\varepsilon_{t-2}^2 + 0.0016\,\varepsilon_{t-3}^2 + 0.1\,\varepsilon_{t-4}^2 + 0.39\,\sigma_{t-1}^2 +$$

$$0.18\,\sigma_{t-2}^2 + 0.08\,\sigma_{t-4}^2。$$

通过上述 4 个模型综合考虑回归系数的量级大小和显著性，只有一阶的系数持续维持显著，所以我们认为 GARCH（1，1）模型就可以很好地体现数据的关系。这样，我们就可以通过 GARCH（1，1）模型，用上一期的波动率数据去预测下一期的波动率。

新一天的涨跌幅出来之后，由于我们已经事先预测到这一天的波动率，所以我们用新一天的涨跌幅除以我们事先预测到的波动率，就得到了新一天的"归一化涨跌幅"，而这个归一化涨跌幅就应该是没有异方差的常规恒定方差的序列了。我们可以通过这一方法就 GARCH 模型对波动率预测的有效性进行验证。

我们对去除 GARCH 模型预测波动率后的归一化涨跌幅计算同样的 30 天滚动波动率，如图 1.1.6 所示。很明显，经过 GARCH 预测波动率归一化之后的涨跌幅数据基本不再有异方差的特点，其波动率长期稳定在 1 附近，大致在 0.5—1.5 变动。这说明 GARCH 模型对于异方差问题的估算是非常有效的。

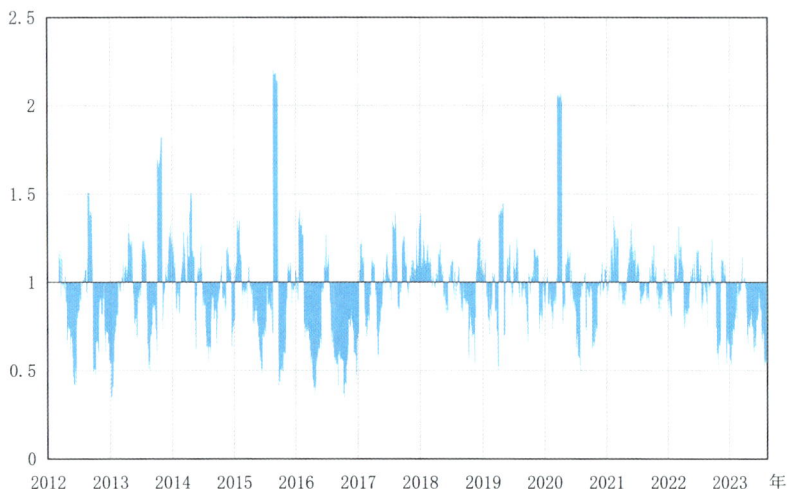

图 1.1.6　GARCH 归一化后涨跌幅的 30 天滚动波动率

比特币涨跌的负面效应

从前面比特币涨跌幅的分布统计，我们看到比特币的涨跌幅并不符合正态分布，它存在尖峰厚尾的问题。此外，我们从涨跌幅的直方图分布中可以看出，比特币分布左右相对比较对称，偏度似乎并不算很大。

在统计学中，"偏度"的算式为：

$$偏度 = (X-\mu)^3/\sigma^3。$$

其中 μ 是样本的均值，σ 是样本的标准差。所有对称型分布的偏度都为 0，偏度 > 0 说明右侧尾部样本较多，对应比特币则是大涨的情况比较多；偏度 < 0 说明左侧尾部样本较多，对应比特币则是大跌的情况比较多。

我们计算比特币和标普 500 指数的样本偏度（见表 1.1.4），发现标普 500 的偏度是负数，而且在不同时间维度下比较稳定，说明股市下跌的情况多一些。标普 500 的左侧尾部（大跌的部分）情况多于右侧尾部，说明总体上大跌的情况比大涨的情况要多，这也正好验证了标普 500 的负面效应。

表 1.1.4　比特币和标普 500 指数涨跌幅的偏度

	日度		周度		月度	
	比特币	标普 500	比特币	标普 500	比特币	标普 500
偏度	0.05	-0.51	1.25	-0.65	6.60	-0.47

但是对于比特币来说，其涨跌幅的偏度在各种时间维度下都是正数，这和标普 500 的情况完全相反。这可以说明比特币没有负面效应吗？

实际上，我们回看比特币的历史走势图，可以发现其在 2014 年之前基本上是单边上涨行情，价格从几美元迅速涨到上千美元，这段时间内的下跌时段是非常少的。但这样的行情不可能是比特币走势的常态，它只是比特币诞生初期的特殊行情，未来基本上不可能复现。如果我们的统计考虑到这种历史行情的阶段性，从而只统计近期的情况，可能就不同了。

从表 1.1.5 可以看到，最近几年比特币日度涨跌幅的偏度已经是妥妥的负数，说明比特币也是具备负面效应的。但是在周度和月度涨跌幅方面，偏度仍然是正数，似乎仍然不具备负面效应。这又是为什么呢？

表 1.1.5　比特币和标普 500 指数涨跌幅的偏度（分时段）

	日度		周度		月度	
	比特币	标普 500	比特币	标普 500	比特币	标普 500
2012 年以来	0.05	−0.51	1.25	−0.65	6.60	−0.47
2014 年以来	−0.16	−0.52	0.29	−0.65	0.41	−0.40
2018 年以来	−0.40	−0.50	0.04	−0.59	0.31	−0.42

实际上，"魔鬼"往往藏在细节之中。对于标普 500 指数而言，从前边的统计表中可以看到，由于其涨跌幅幅度较小而且比较稳定，因此无论是日度、周度还是月度涨跌幅，其量级大小都比较接近。但是对于比特币而言，其周涨跌幅远大于日涨跌幅，而月涨跌幅又明显大于周涨跌幅。这样一来，因为涨跌幅计算方法的问题，造成了很大的误导。

我们知道，算术涨跌幅的最小值是 −100%，但是其最大值可以是无穷大，这是不对称的。我们知道，在实际交易中，100% 的涨幅对应的跌幅实际上是 50%，50% 的涨幅对应的跌幅是 33%。这种涨跌数字上的不对称，导致了偏度计算上明显的技术性偏差。明明是负偏的行情，由于涨跌幅计算方法的问题，看起来却是正偏的。

为此，我们改变涨跌幅的计算方法，不再使用算术回报率，而采用对数回报法，即：

$$\text{对数回报率 } R_t = \log\left(P_t/P_{t-1}\right) = \log\left(1 + r_t\right)。$$

其中，P_t 为当天的收盘价，P_{t-1} 为前日收盘价，r_t 为算术回报率。对于涨跌幅很小的行情，二者区别很小；但是对于像比特币周度、月度涨跌幅经常超过 ±10% 的情况，则区别明显，尤其对于计算峰度而言。

从表 1.1.6 看到，改成对数涨跌幅之后，2014 年以后比特币的偏度全部变成了负数。这说明比特币也是明显具备负面效应的。而且，随着时间逐渐向后推移以及比特币行情的逐渐成熟，其负偏性越来越大，说明近些年比特币的负面效应越来越明显了。

表 1.1.6　比特币和标普 500 指数对数涨跌幅的偏度（分时段）

	日度		周度		月度	
	比特币	标普 500	比特币	标普 500	比特币	标普 500
2012 年以来	0.04	-0.52	0.12	-0.95	1.87	-0.63
2014 年以来	-0.16	-0.52	-0.33	-0.95	-0.06	-0.56
2018 年以来	-0.41	-0.50	-0.62	-0.88	-0.14	-0.55

比特币行情的自相关性

前面我们分析过比特币行情并不是标准正态分布，存在着"尖峰厚尾""异方差""负面效应"的现象。这些现象综合在一起，在统计学上暗示，比特币的走势并非随机游走，每期的涨跌幅和前一期，甚至前几期的历史涨跌幅存在一定的关联关系。

为此，我们统计了一下比特币涨跌幅和过去 5 期涨跌幅之间的相关性，并加入了标普 500 指数作为参考，见表 1.1.7。

表 1.1.7　比特币和标普 500 指数涨跌幅的自相关系数

	日度		周度		月度	
	比特币	标普 500	比特币	标普 500	比特币	标普 500
1	-2.07%	-13.88%	7.74%	10.45%	-10.14%	-19.34%
2	2.95%	4.60%	14.39%	1.22%	4.17%	-10.15%

（续表）

	日度		周度		月度	
	比特币	标普 500	比特币	标普 500	比特币	标普 500
3	0.77%	0.35%	12.48%	−1.71%	−3.56%	3.73%
4	−0.18%	6.85%	1.11%	−6.42%	−3.43%	−1.26%
5	4.59%	−8.52%	6.00%	−7.98%	−8.91%	4.87%

　　一般而言，我们更关注阶数小的自相关系数，因为从逻辑上讲，离得越远的数据和当前的关系越弱，而且通常其统计显著性也更低。从自相关系数大小来看，比特币的日度相关性弱于周度和月度的相关性。另外，从表中可以看到，比特币的短期自相关性，尤其是一阶自相关性，和标普 500 比较类似。具体而言，对于日度涨跌幅，比特币和标普 500 的一阶自相关系数（和前一天涨跌幅的相关性）都是负数，说明在日度这个维度存在一定的反转效应；到了周度维度，一阶自相关系数都是正数，说明在周度上，二者存在一定的动量效应；到了月度维度又都变成负数，说明二者在月度维度又表现为反转效应。

　　在统计学中，线性衡量时间序列自相关的是 ARMA 模型。ARMA 模型（自回归移动平均模型，Auto-Regressive Moving Average Model）是一种常用的时间序列分析模型，是由自回归模型和移动平均模型组成的复合模型。ARMA 模型是一种线性时间序列模型，它假设时间序列的数据生成过程由一个 AR（p）过程和一个 MA（q）过程组成。AR（p）过程指的是过去 p 期的自身影响的加权平均值之和，而 MA（q）过程指的是过去 q 期的随机扰动项之和。

ARMA 模型的数学表达式可以写成：

$$X_t = c + \phi_1 X_{t-1} + \phi_2 X_{t-2} + \cdots + \phi_p X_{t-p} + \varepsilon_t + \theta_1 \varepsilon_{t-1} + \theta_2 \varepsilon_{t-2} + \cdots + \theta_q \varepsilon_{t-q} \circ$$

其中，X_t 表示序列在时刻 t 的值，c 是常数项，ϕ_1，……，ϕ_p 是自回归系数，θ_1，……，θ_q 是移动平均系数，ε_t 是白噪声扰动项（满足均值为 0，方差为 σ^2 的白噪声），p 和 q 分别是 AR 和 MA 的阶数。针对确定模型的阶数 p 和 q，常用的方法是用递增法不断增加阶数，直至新增加的阶数不再显著为止。

通过统计方法分析建模，我们对比特币的日涨跌幅数据可以拟合出如下的 ARMA（1，1）模型：

$$X_t = 0.0043 - 0.47 X_{t-1} + 0.45 \varepsilon_{t-1} \circ$$

其中标红的系数为统计不显著的系数。

继续增加阶数，我们可以拟合出如下的 ARMA（2，2）模型：

$$X_t = 0.0058 - 0.22 X_{t-1} - 0.78 X_{t-2} + 0.21 \varepsilon_{t-1} + 0.82 \varepsilon_{t-2} \circ$$

其所有系数都是比较显著的，但是一阶系数的显著性没有二阶系数强。

继续增加阶数，我们可以拟合出如下的 ARMA（3，3）模型：

$$X_t=0.0047+0.40X_{t-1}-0.71X_{t-2}-0.27X_{t-3}-0.42\,\varepsilon_{t-1}+0.71\,\varepsilon_{t-2}+0.22\,\varepsilon_{t-2}。$$

我们看到三阶的系数都已经不再显著，且一阶的显著性仍然低于二阶。

至此，我们认为 ARMA（2，2）模型是比较合适的。通过这个模型，我们可以根据过去两期的涨跌幅来推测下一期的涨跌幅。不过，该模型的解释度仅为 0.42%。但是，经过前面的分析我们知道，比特币前期的走势和近期的走势存在很大的不同，所以如果我们只针对近期做模拟的话，可以改进解释度。例如，如果只针对 2014 年之后的数据构建 ARMA（2，2）模型，则模型解释度上升至 0.87%；如果只针对 2018 年之后的数据构建 ARMA（2，2）模型，则模型解释度上升至 1.09%。不过无论如何，虽然这一模型在统计上是显著的，但预测的准确性和可操作性并不是很高，很难用于指导实际投资。

比特币市场的有效性

有效市场理论认为，金融市场在反映各种信息方面是有效的。

这一理论主要探讨市场价格对信息的吸收速度和能力，以及市场价格能否反映所有可获得的信息。

有效市场理论的起源可以追溯到20世纪初，由法国数学家路易斯·巴舍利耶（Louis Bachelier）在其博士论文[①]中首次提出。1965年，美国芝加哥大学教授尤金·法玛（Eugene F. Fama）重新阐述了这一理论。[②]法玛指出，在有效市场中，投资者无法持续获取超过正常收益的回报，因为市场价格已经反映了所有可获得的信息。

有效市场理论的核心假设是，市场价格是所有可用信息的最佳反映。根据这一假设，我们可以得出以下三个推论：

1. 投资者是理性的，他们可以理性地评估资产价值，并将这一价值反映在市场价格中。

2. 即使投资者是非理性的，他们的错误定价也会被套利者纠正。这意味着，在有效市场中，没有持续的错误定价，因为套利者会利用这些机会获利。

3. 在有效市场中，任何投资策略或技术都不能长期获取超

---

① 参见［法］路易斯·巴舍利耶的博士学位论文《投机理论》，巴黎索邦大学，1900年。
② 参见［美］尤金·法玛1965年于《商业期刊》杂志（第38卷第1期，第34—105页）上发表的文章《股票市场价格的特征》。

过正常收益的回报，因为市场价格已经反映了所有可获得的信息。

法玛进一步将有效市场划分为三种：强有效市场、半强有效市场和弱有效市场，其主要区别在于市场价格对不同信息的反映是否完全。法玛定义了与证券价格相关的三种类型的信息：

一是"价格信息"，即基于证券市场交易的有关历史资料，如历史股价、成交量等技术面信息。

二是"基本面信息"，即一切可公开获得的有关经营基本面以及宏观经济等方面的基本面信息。

三是"未公开信息"，即只有内部人员才能获得的未公开、不为公开市场所了解的信息。

三种强度有效市场划分的标准就是上述三种信息是否可以在该市场获利（见表 1.1.8）。如果上述三种信息全都不能获利，则为强有效市场；退一步，如果只有内部信息可以获利，其他历史信息和公开信息都不能获利，则为半强有效市场；再退一步，如果内部信息和公开信息都可以获利，但历史信息不能获利，则为弱有效市场。

表 1.1.8 有效市场对信息的反映

	强有效市场	半强有效市场	弱有效市场
价格信息	⊗	⊗	⊗
基本面信息	⊗	⊗	✓
未公开信息	⊗	✓	✓

如果一个市场是弱有效市场，那么所有的历史价格信息都不能对未来的价格作出一丁点儿的预测。这样一来，每天的价格（收盘价、涨跌幅、波动率等）就和历史价格完全无关；当然，每天的价格和未来的价格走势更无关。这样一来，弱有效市场就意味着，价格序列（包括涨跌幅、波动率等）是完全随机、不可预测的，每天的价格走势和历史价格、未来价格都没有关系。在弱有效市场中做投资，不需要知道任何历史价格信息。

所以，比特币市场绝对不是一个弱有效市场，遑论强有效市场？它和其他的金融市场是一样的。人们都是根据所掌握的各种历史信息对未来作出自己的判断从而进行交易的，所以其价格走势离不开历史的影响。

通过对比特币历史涨跌幅数据的种种分析，我们发现其序列和普通的金融时间序列一样，都具备"尖峰厚尾""异方差""负面效应"等典型的特征，而且我们也验证了其涨跌幅之间存在一定的历史自相关性。我们可以通过 ARMA 模型来部分地预测下一期涨跌幅，也可以通过 GARCH 模型来部分地预测下一期波动率。虽然这些预测对于实际投资的指导性难堪大用，但是它们在统计意义上都是非常显著的，是经得起考验的。这说明比特币的走势和历史的走势存在一定的关系，而我们用简单的统计学模型可以抓住其中的一小部分。

除了从比特币走势的统计学特征去审查其市场有效性之外，我们还可以通过比特币对外部事件冲击的反应来检验其市场有效性。我们以美元加息为例，这是一个纯粹的外部性事件，它会导致资本市场的资金成本上升，一般而言对股票市场具有负面影响。我们在下文中研究了比特币对此的反应，可以部分窥见近年来比特币对外部事件冲击的反应程度，并将其和股票市场进行对比。

从理论上讲，美元加息同样会导致比特币市场资金成本的上升，因此，对比特币而言应该也是负面影响。我们针对 2022 年以来美联储的 11 次加息行为进行事件分析，看比特币市场在美联储加息之后 3 天内的市场反应，并和标普 500 进行比照，见表 1.1.9。

表 1.1.9　比特币和标普 500 对美元加息的反应

	T+0	T+1	T+2	3 天累计
比特币涨跌幅	-0.87%	-0.03%	-0.97%	-1.81%
标普 500 涨跌幅	-0.75%	0.27%	-0.21%	-0.67%

从表 1.1.9 中可以看出，比特币市场对美元加息的反应确实是负面的，即加息之后是下跌的：加息的当日、次日和第三日都是下跌的，3 天的累计跌幅平均为 1.81%，超过了标普 500 指数 0.67% 的跌幅。当然，因为比特币市场的波动率本来就比标普 500 要大（2022 年以来比特币的波动率为 3.68%，标普 500 为 1.31%），所以，可以说两者的下跌幅度接近。也就是说，比特币和股票市场对美联储加息的反应方向一致，反应幅度接近。这似乎表明最近两年比特币市场对于外部宏观事件冲击的反应已经和股票市场相当，其市场成熟度正在接近股票市场。

比特币市场的发展

通过前文的统计分析，相对于成立几百年的股票市场而言，我们可以得出如下结果（见表 1.1.10）：

1. 比特币市场的涨跌幅"尖峰厚尾"特点更加明显，极端涨跌幅更常见。

2. 比特币市场的波动率更大，"异方差"和波动聚集性更明显，大涨大跌行情出现的情况更多。

3. 比特币市场的"负面效应"比股票市场弱一些，主要原因是上市至今比特币单边上涨的行情较多，很多投资者还没有经历过大跌行情。

4. 比特币市场远非"有效市场"，既不是"弱有效市场"，更谈不上"强有效市场"。

表1.1.10 比特币和股票市场的有效性

	比特币市场	股票市场
尖峰厚尾、异常值多	★★★	★★
异方差、波动聚集性	★★★	★
负面效应	★	★
弱有效市场	⊗	⊗
强有效市场	⊗⊗	⊗⊗

上边这些结果都指向同一个结论，就是比特币市场相对于股票市场而言，是一个更加年轻且尚未成熟的投资市场，整个市场的投机气氛更加浓厚。这说明比特币市场目前仍处于非常有活力的阶段，仍然有大量新增投资者不断涌入这个市场，不断推动这

个市场走向更加成熟。

由于目前比特币市场距离成熟市场可能还有一段路要走，仍然是一个投机气氛更加浓厚的年轻市场，我们认为这说明现阶段比特币市场所蕴含的投资机会较成熟市场更多，可以挖掘的投资潜力更大，有实力的投资者在这样的市场中将更容易获取超额收益。这也会吸引更多的投资者不断进入这个市场，共同推动市场的发展。

不过，投资者在投机性如此强的市场中要更加关注风险，对可能出现的极端行情做好充足的准备。另外，投资者可能容易被比特币的"总量有限"这一点所蒙蔽，一叶障目不见泰山。广泛地讲，实际上几乎所有投资品都是总量有限的，典型代表是大宗商品。股票市场实际上也是总量有限的，因为世界上的好公司就那么多，市场供应最大的可能是货币（外汇）。总量再有限的投资品，价格也不可能被炒到天上，因为随着价格的提高，可以参与的投资者和资金将大幅下降，市场将严重萎缩，反而失去价格支撑。

目前比特币市场成熟度比股票市场更低，有效性比股票市场更差，其波动幅度仍远大于股票市场，这使得比特币市场中蕴含的投资机会要超过更为成熟有效的股票市场。所以，目前比特币仍然是最有潜力的投资工具之一。我们认为比特币市场仍会继续发展，继续完善，继续成熟，会有更多的投资者和资金进入这个市场，而比特币市场也将不断向成熟市场靠拢。此外，比特币市场的发展肯定离不开政府对该市场的引导以及监管制度的完善，因为只有规则明确、赏罚分明的市场才是透明的市场，才是可信赖的市场。

1.2 比特币和黄金、美元以及日元的量化对比

格兰杰因果检验[①]是一种用于检验两个时间序列变量之间是否存在一种因果关系的统计方法。该方法由经济学家克莱夫·格兰杰（Clive Granger）于 1969 年提出，广泛应用于经济学、金融学、生态学等领域。格兰杰因果检验可以用于检验一个变量的过去值是否对另一个变量的当前值有影响，或者一个变量是否可以提供有关另一个变量的未来值的预测信息。在实际应用中，格兰杰因果检验通常用于分析两个或多个变量之间的关系，并推断它们之

---

① 格兰杰因果检验的简介内容来自百度文心一言，略有改动。

间的因果关系。

格兰杰因果检验的基本思想是，如果变量 X 的变化领先于变量 Y 的变化，并且变量 X 有助于预测变量 Y 的变化，那么我们可以说变量 X 与变量 Y 具有格兰杰因果关系。

格兰杰因果检验主要包括以下步骤：

1. 数据的平稳性检验：需要检验时间序列数据的平稳性，如果数据不平稳，则需要进行差分或其他转换，以保证后续检验的有效性。

2. 建立两个回归模型：建立的两个回归模型，一个是仅包含 Y 自身滞后项的模型（模型 1），另一个是同时包含 Y 自身滞后项和 X 滞后项的模型（模型 2）。

3. 计算 F 统计量[①]：对于模型 2 中的每个滞后项，计算其 F 统计量，判断其是否显著地有助于预测 Y 的变化。如果某个 X 的滞后项的 F 统计量超过一定的阈值（通常为显著性水平为 5% 时的 F 值），则认为该滞后项具有格兰杰因果关系。

4. 检验多个滞后项：重复上述步骤，对模型 2 中的每个滞后

---

① F 统计量是指在零假设成立的情况下，符合 F 分布的统计量。F 分布是两个服从卡方分布的独立随机变量，各除以其自由度后的比值的抽样分布，是一种非对称分布，且位置不可互换。

项进行检验，判断其是否具有格兰杰因果关系。

需要注意的是，格兰杰因果检验只能确定一个变量是否有助于预测另一个变量，而不能确定真实的因果关系。因此，在使用格兰杰因果检验时，需要结合专业知识和其他方法进行深入分析。

四种避险产品间的因果关系如下：

比特币、黄金、美元指数、日元汇率（美元兑日元）是货币类金融产品中非常重要的四个品种，它们都是 24 小时连续交易的（见表 1.2.1）。[①] 作为货币市场中主要的交易品种，它们有着巨大的交易量和广泛的市场参与者。

表 1.2.1　四种金融产品的交易时间

	交易时区	交易日	日内交易时段
比特币	格林尼治时间	周一～周日	24 小时
黄金	格林尼治时间	周一～周五	24 小时
美元	西四区	周一～周五	24 小时
日元	格林尼治时间	周一～周五	24 小时

数据来源：investing.com 网站，时间从 2012 年 2 月 2 日至 2023 年 8 月 28 日。

作为货币中的主要类型，我们非常关注它们之间是否存在因

---

① 我们使用的数据，四个品种的开收盘时间均为格林尼治时间 0 点。

果解释关系。因此，我们对它们的日涨跌幅序列进行两两滞后一期的格兰杰因果检验，每一对检验正反两个方向，结果见表 1.2.2。

表 1.2.2　格兰杰因果检验（滞后一期）的解释系数及其统计显著性

		被解释变量 Y						
		比特币	黄金		美元		日元	
解释变量 X	比特币	——	0.0070 (0.0602)	*	-0.0046 (0.0079)	***	0.0003 (0.9004)	
	黄金	0.1325 (0.1402)	——		-0.0367 (0.0001)	***	-0.0224 (0.0698)	*
	美元	0.1949 (0.3166)	0.0840 (0.0561)	*	——		0.0069 (0.8072)	
	日元	0.2853 (0.0497)	**	0.0261 (0.4221)		0.0123 (0.4363)		——	

注：系数下方括号内为 P 值；*、**、*** 分别代表 10%、5%、1% 显著。

数据来源：investing.com 网站，时间从 2012 年 2 月 2 日至 2023 年 8 月 28 日。

表 1.2.2 显示比特币负相关强冲击美元（1% 显著称为强冲击），正相关弱冲击黄金（10% 显著称为弱冲击）；黄金负相关强冲击美元（1% 显著）和负相关弱冲击日元（10% 显著）；美元正相关弱冲击黄金（10% 显著）；最后日元正相关冲击比特币（5% 显著称为冲击）。整个故事就是日元正相关冲击比特币，然后比特币正相关弱冲击黄金和负相关强冲击美元，黄金接着负相关强

冲击美元和负相关弱冲击日元，日元再回头正相关冲击比特币，最后形成一个如图 1.2.1 所示的闭环。

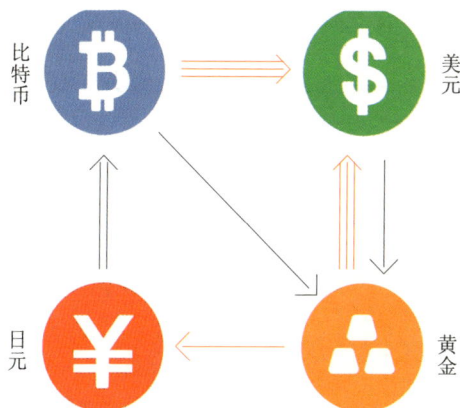

图 1.2.1 格兰杰因果关系图谱

图 1.2.1 中用箭头线条数目 1、2、3 分别代表统计显著性的 10%、5%、1%，用红色线条表示系数为负值。

请注意，我们有个重要的发现，那就是比特币具有如同黄金和日元一样的避险特性，因此表 1.2.2 显示比特币对黄金的正相关弱冲击；比特币对日元也是正相关的冲击，但是统计上不显著。此外，众所周知，黄金由于具备避险功能，所以一定和美元形成负相关的强冲击。表 1.2.2 清楚地显示了黄金在避险方面，对美元价格的影响极大，但是美元对黄金的冲击为何呈现相反的正相关弱冲击呢？这个原因其实很简单，那就是由于避险特性，黄金、美元基本呈现负相关。可是只要碰到重大危机，例如 2014 年克里米亚危机、2018 年中美贸易战危机等，我们发现美元、黄金一起涨，因此两者呈现正相关，表 1.2.2 所显示的美元对黄金的正相关弱冲击就是捕捉了这个特性。此外，比特币对美元也是负相关的强冲击，这就是比特币具备避险货币功能的直接证据。值得关注的是，美元对比特币却没有冲击，比特币对美元干干净净的单向冲击显示了其作为避险货币的优越性，进一步证明比特币超过黄金，具备避险货币的特性。日元成为避险货币的表现是令人失望的。日元对美元或者美元对日元在统计上而言都没有显著的负相关冲击，因此日元已经不具备避险货币的基本特性。更让我们惊讶的是，同为避险货币的黄金竟然对日元有着负相关的弱冲击，这个结果证明日元基本失去了避险货币的特性。不过，同为避险货币的日元对比特币有着正相关的冲击，这个结果维持了日元作为避险货币的最后一点颜面。本书的结论是，比特币优于黄金，成为新一代的避险货币，而日元应该被排除其避险货币的资格。

1.3 比特币和美元、黄金以及美联储资产的图形对比

我们在 1.2 节用格兰杰因果检验测试了比特币、美元、黄金和日元的因果关系。我们不仅确认了他们之间的因果关系，同时还把日元的避险特性排除在外了。为了让读者更直观地理解 1.2 节的量化分析，我们在 1.3 节利用图形进一步解释比特币和美元、黄金之间的互动关系。

如图 1.3.1 所示，美元指数与黄金价格走势，美元与黄金的价格走势严格负相关，只有在碰到危机时才会同涨同跌。

美元是黄金的计价货币，当美元走强时，黄金的购买力下降，其价格也会下跌；反之，当美元走弱时，黄金的购买力上升，其价格也会上涨。这种负相关关系在正常的市场环境下非常明显。但是在全球经济或政治出现重大危机或动荡时，市场的风险厌恶情绪高涨，投资者纷纷寻求避险资产，黄金作为被广泛认可的避险工具，其价格和美元的价格都会呈现上涨的趋势，比如 2018 年

的中美贸易危机就出现了这一状况。虽然我们发现，在新冠疫情的冲击下，黄金和美元都出现了暴跌现象，但随着疫苗接种的推进和对经济复苏的预期，市场风险偏好，黄金和美元很快又同时回涨，直至市场环境正常，二者的负相关走势又明显出现。

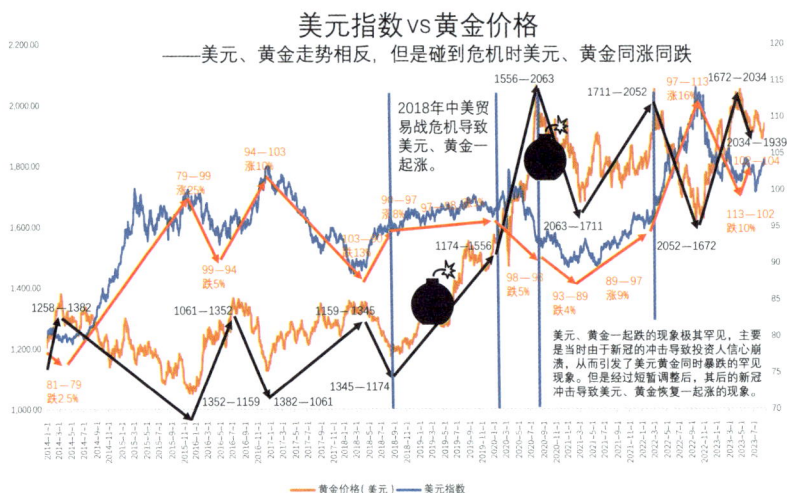

美元指数vs黄金价格
——美元、黄金走势相反，但是碰到危机时美元、黄金同涨同跌

图 1.3.1　美元指数 vs 黄金价格

我们再来看看美元与比特币的走势对比。如图 1.3.2 所示，纵观过去近 10 年的比特币与美元走势，我们发现，在常规市场环境下，比特币与美元的走势也是相反的；而出现危机的时候，如克里米亚危机、新冠疫情冲击，比特币也如同黄金一样，与美元同时上涨。这足以说明比特币作为避险工具的特性。但与黄金显著不同的是，比特币没出现过与美元同时暴跌的情况，哪怕是在疫

情打击下投资人信心崩溃的情况，也没有引发比特币雪崩。这说明作为避险工具，比特币的效果更甚黄金。

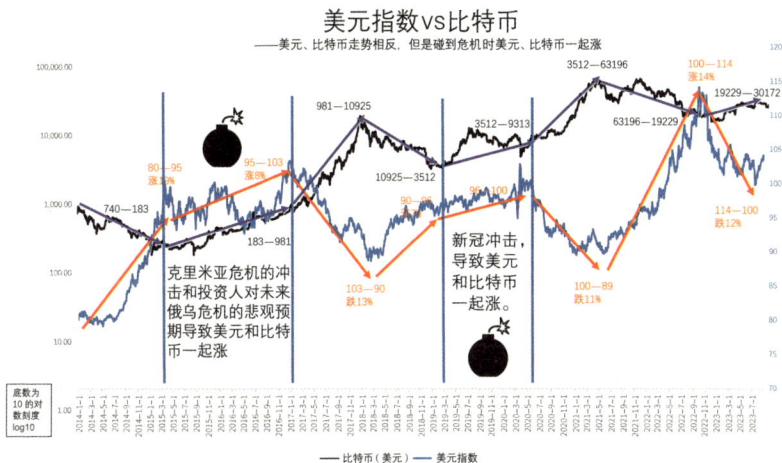

图 1.3.2　美元指数 vs 比特币

　　下面通过比特币与黄金的价格走势对比，来验证比特币避险工具的特性。如图 1.3.3 所示，我们发现，从具体走势上看，虽然比特币与黄金存在着一些差异，但是在整体上二者是呈现接近的走势的。

　　比特币与黄金的走势大致相似，二者的这一相同之处也足以说明比特币作为避险工具的特性是相当显著的。且通过比特币与美元的走势对比，我们发现比特币作为避险工具的效果更甚，甚至已经超越了黄金。

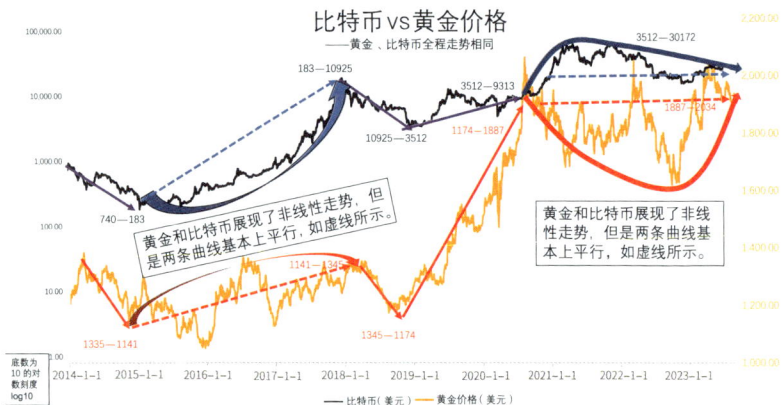

比特币vs黄金价格
——黄金、比特币全程走势相同

图 1.3.3　比特币 vs 黄金价格

最后，我们想研究一下比特币到底有没有抗通胀的特性。我们选取了 2012 年至今的比特币和美联储资产负债表数据作为研究对象。这期间，美联储曾于 2020 年 3 月 15 日到 2022 年 3 月 23 日之间疯狂放水，资产总额从 4.2 万亿美元暴涨到 8.9 万亿美元，两年超发的货币超过美联储历史发行量的总和。这么大的货币超发一定会导致通货膨胀。与此同时，资产价格上涨，理论上美元也应该贬值。但是，因为当时全球都被新冠疫情危机的恐慌笼罩，美元指数并没有出现大幅贬值，反而比较稳定。所以美联储资产和美元指数的相关系数只有 0.57，参见图 1.3.4。

但是，因为比特币总量有限，在全球优质资产稀缺、美联储大放水的背景下价格暴涨。美联储资产和比特币的相关系数竟然达到了惊人的 0.83，参见图 1.3.5，这进一步凸显了比特币的抗通胀属性。读者只需要简单地对比图 1.3.4 和图 1.3.5 就可以清楚地看出比特币价格和美联储放水的巨大相关性。

图 1.3.4　美联储资产和美元指数

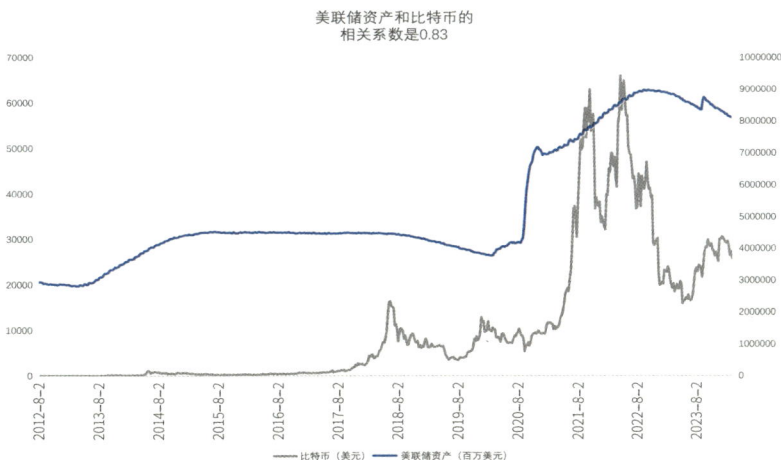

图 1.3.5　美联储资产和比特币

1.4 比特币价格具备巨大韧性

2023 年 10 月 24 日，比特币价格暴涨 12.34%（图 1.4.1）。其背后的直接原因只有一个——2023 年 10 月 23 日美国联邦上诉法院正式裁定，灰度投资成功赢得了其与美国证券交易委员会（SEC）的诉讼，而后者曾拒绝其申请现货比特币 ETF。这个事件的落脚点是完全针对比特币的，和宏观经济以及黄金、美元基本无关，因此我们可以基于这一事件测试 1.3 节有关比特币、黄金和美元的价格走势关系是否依然成立。换句话说，如果一桩仅仅针对比特币的突发事件仍然能使 1.3 节的结论持续成立的话，那么我们就可以说比特币的价格具有相当强大的韧性。

在灰度投资胜诉消息的驱动下，比特币最高价格一度突破 35000 美元。此前，SEC 一直拒绝其直接投资比特币 ETF，理由是存在潜在的市场欺诈和操纵等风险。然而，随着官司的失败和投资巨头们纷至沓来的申请，人们对于证监会不得不接受比特币 ETF 的猜测正在逐渐发酵。目前，贝莱德的 iShares 比特币 ETF 已经在美国证券存托清算公司（DTCC）备案，富达、方舟投资、景顺等主要金融机构也提交了比特币 ETF 的申请。

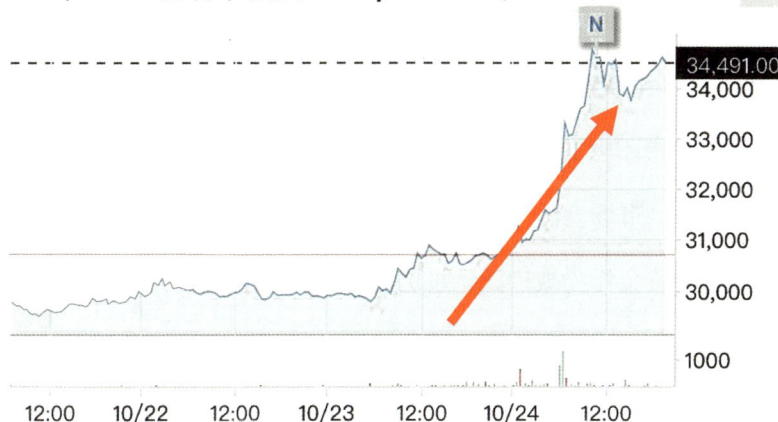

BTC/USD - 比特币 美元 ↑ **34,491.0** +3,790.0 (+12.34%)

图 1.4.1　比特币价格

　　基于 1.3 节针对美元指数和黄金价格、美元指数和比特币、比特币和黄金价格这三组资产间核心关系的讨论，我们现在来验证一下相关结论在直接落足于比特币的冲击事件中是否依然成立。

美元指数和黄金价格

历史上，美元指数与黄金价格严格负相关，只有碰到危机时才会同涨同跌，这次也不例外。美元是黄金的计价货币，当美元走强时，黄金的购买力下降，其价格也会下跌；反之，当美元走弱时，黄金的购买力上升，其价格也会上涨。这种负相关关系在正常的市场环境下非常明显，但在全球经济或政治出现重大危机或动荡时，市场高涨的风险厌恶情绪会促使投资者纷纷寻求避险资产。而黄金作为被广泛认可的避险工具，它与美元的价格都会呈现上涨的趋势，比如 2018 年的中美贸易危机就充分诠释了这一情形。

观察美元指数和黄金价格 2023 年 10 月的价格走势，我们同样可以得出相似的结论。2023 年 10 月 7 日，哈马斯突袭以色列，黄金价格便从 1832 美元开始上涨，直至 10 月 20 日，其价格已经突破 1981 美元。同期，美元指数则停止下跌。在巴以局势最不明朗的 10 月 11 日到 10 月 18 日，我们可以看到美元指数从 105.8 涨到 106.6，美元和黄金在冲击事件中呈现短暂的同时上涨。

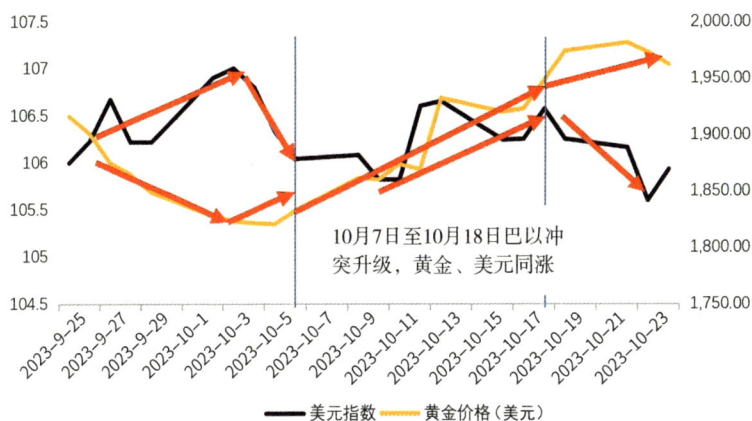

图 1.4.2　黄金价格和美元指数（2023-9-25—2023-10-24）

在 2023 年 10 月 18 日拜登访问以色列后，美元指数和黄金价格最终又重归负相关。其原因是，在拜登斡旋之下，以色列同意援助物资进入加沙，从而使得市场情绪得以恢复。

比特币和美元指数

过去十年，比特币与美元的走势呈现负向相关关系，只有在出现危机时双方会一起上涨。因此作为避险工具，比特币的效果更胜黄金。

2023 年 10 月，比特币和美元指数整体也符合长期以来的趋势。如图 1.4.3 所示，2023 年 10 月中下旬以来，比特币从 2.6 万美元上涨到 3.5 万美元，美元指数从 106.6 跌到 105.6，两者间相关系数为 –0.42，展现出意料之中的负向关系。

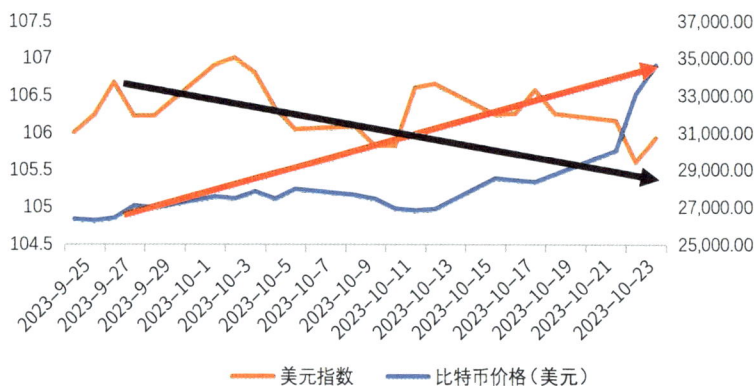

图 1.4.3　比特币和美元指数（2023-9-25—2023-10-24）

比特币和黄金价格

过去十年，比特币与黄金的走势大致趋同。二者价格的相似走势也足以说明比特币作为避险工具的特性相当显著，甚至已经超越了黄金。如图 1.4.4 所示，2023 年 10 月，比特币价格上涨 31.5%，黄金价格上涨 2.4%，两者的相关系数仍然高达 0.58，说明两者都具备突出的避险属性。

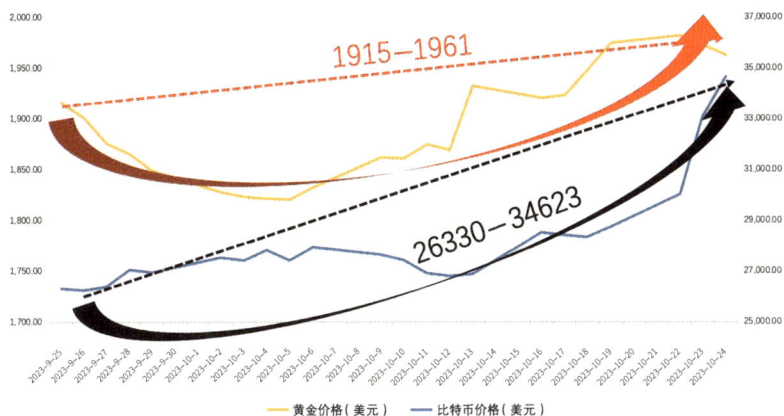

图 1.4.4　比特币和黄金价格（2023-9-25—2023-10-24）

通过针对突发事件的讨论，我们成功验证了 1.3 节所得出的三大资产间相关关系的结论。在重申比特币优良的避险属性的同时，我们也获知了其价格中蕴含的巨大韧性。在下一章，我们将基于这一成果对香港 Web3.0 产业链的发展进行深度探讨，并思考 Web3.0 与香港产业的共振方案。

02

香港 Web3.0 的 6+1产业链

Web1.0 时代最主流的应用是门户网站，比如雅虎、网易、新浪等，其主要功能是信息的单向读取。

Web2.0 时代最主流的应用是互联网平台，比如脸书、推特、微信、微博、淘宝、亚马逊等，它们可以实现用户和平台的双向互动，可读可写。

Web3.0 时代，人类将进入元宇宙的虚实结合的世界，线上与线下的界限将被打破。借助区块链技术，第三代互联网不但可读可写，而且可拥有。

2.1 香港特区政府介入前的 6 和 1 技术产业链

Web3.0 的技术基础是区块链。区块链技术及其应用可以分为 6 个部分。第 1 部分是技术起点，也就是比特币的诞生，因为比特币的技术载体就是区块链技术。第 2 部分是虚拟币。比特币诞生后，跟风产生了很多虚拟币，它们都号称使用了区块链技术，区块链也因此进入大众视野。第 3 部分是稳定币，稳定币是虚拟币换成真实世界货币的中介，是为满足虚拟币变现需求而诞生的重要工具。第 4 部分是联盟链。线下机构看到了区块链技术的优势，为了对区块链技术进行扬长避短的使用而创造了联盟链，联盟链产生了意想不到的效果，它为实体资产上链开创了重要途径。第 5 部分是为各种虚拟币提供流动性的机构——虚拟币交易所，交易所是虚拟币市场自由发展的结果，最后成了去中心化的区块链世界里最中心化的机构。第 6 部分是政府监管。因为区块链技术去中心化、可匿名的特征，加上不受监管的交易所，所以不可避免地产生了很多乱象，政府监管由此而起，全球范围内政府在区块链领域的监管通常是亡羊补牢，或者进行一刀切式的严格禁止。

以上这 6 个部分就是 6+1 产业链中的 "6"（图 2.1.1）。

技术起点：区块链 + 技术应用：虚拟币 + 技术变现：稳定币 + 技术落地：联盟链 + 技术推广：交易所 + 技术监管：政府 　新起点：元宇宙

图 2.1.1　香港特区政府介入前的 6 和 1 技术产业链

Web3.0 的终极应用形态是元宇宙，这也是香港特区政府在 Web3.0 领域明确要发展的技术门类。元宇宙的本质就是利用数字技术创造一个沉浸式体验的虚拟世界，服务全人类。但是，因为区块链 6 大技术领域内存在种种乱象，区块链一直是从空到空的数字游戏，没人能把区块链的技术长处用于解决元宇宙内的经济问题。两种技术似乎成了平行线，**直到香港特区政府介入，6 才实现了加 1**，区块链才真正成了元宇宙的技术基础。

2.2 香港特区政府介入后的 6+1 技术产业链

比特币和区块链是一对"孪生兄弟"，因为区块链就是比特币的载体，它们无法分割。比特币诞生后，围绕它产生了无数的争议，比尔·盖茨称加密货币是"基于博傻理论"的骗局。巴菲特批评比特币毫无内在价值，还明确说"如果你告诉我你拥有世界上所有的比特币，并且你愿意以 25 美元的价格将它们卖给我，我不会买"。当比特币 100 多美元时，巴菲特说比特币是"老鼠药"；当涨到 9000 美元时，他说比特币"可能是老鼠药的平方"。但是，真实世界对区块链技术的争议要少得多，即便是曾经提出质疑的人，现在也不得不接受区块链是一门持续进化的技术，是一门科学。

2020 年 3 月 31 日，我在《人民日报》数字版发表的署名文章里谈道："区块链只有剥离货币外衣之后才能涅槃重生。防篡改、去中心、可追溯等特点只有在真实世界中得到应用才能获得价值。"

香港特区政府把对 Web3.0 的研究重点放在了区块链技术上，尤其是区块链技术的落地上，而没有放在虚拟币上。这一举措为区块链剥离了货币属性，让它具备了涅槃重生的可能。

市场上的上万种虚拟币，99% 以上都是从空到空，甚至沦为传销币、空气币、韭菜币。因此香港特区政府只批准了比特币、以太币和泰达币（USDT）稳定币三种，这是目前市场公约数最大的三种虚拟币。虽然未来肯定会批准更多虚拟币，但是这充分体现了香港特区政府的谨慎态度。

市场上的稳定币并不稳定。曾经的第三大稳定币 LUNA 已经崩盘了，现在最大的稳定币供应者是泰达币，这也是香港特区政府唯一批准的稳定币。我认为香港特区政府批准泰达币并不是因为它足够安全，而是因为暂时没得选。纽约州检察院对泰达币的调查显示，推出泰达币的 Tether 公司的现金储备只有 3%，事后双方达成和解的条件之一就是"停止与纽约州居民和实体进行业务往来"。香港特区政府改进得更彻底，直接研发数码港元，并且数码港元可以在不同平台上进行跨链交易。这很明显是稳定币的功能之一。

关于联盟链，香港特区政府也做了很多工作，其中最具创造性的一项就是让来自金融界、支付界、科技界的 16 家公司共同研究数码港元。我相信，香港特区政府未来肯定是让大家共同推动数码港元的普及。这些线下中心未来也会通过联盟链的方式成为实体资产上链的重要推动者，为区块链连接真实世界提供坚实支撑。

交易所方面，香港特区政府介入之前虚拟币发生的跑路、断网、欺诈等不法行为数不胜数，其中最著名的还是明星项目 FTX 的倒闭。它的倒闭甚至直接让新加坡政府对虚拟币的态度发生了 180 度大转弯。香港特区政府非常谨慎地批准了两家虚拟币交易所，为虚拟币交易制定了严格的监管措施，包括实名制、冷钱包等。交易所为满足这些监管要求，预计需要投入 1200 万—2000 万美元的合规成本，可见要求之高（图 2.2.1）。

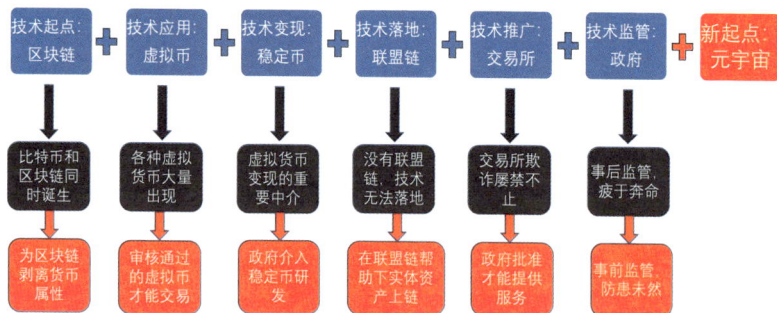

图 2.2.1 香港特区政府介入后的 6+1 技术产业链

正是因为有这些严格的要求，香港特区政府才敢让香港民众参与虚拟币的投资。也正是因为香港特区政府对区块链产业链进行了大刀阔斧的改造，区块链才能为元宇宙提供坚实的经济基础。

2.3 新加坡输在了"以邻为壑"

香港特区政府为了规避区块链技术的弊端，对其做了 6 大改造。而新加坡政府除了规定不允许新加坡公民炒币外，几乎什么都没做，只是通过淡马锡进行简单的财务投资，最终结果是既赔了钱也丢了面子，如图 2.3.1 所示。

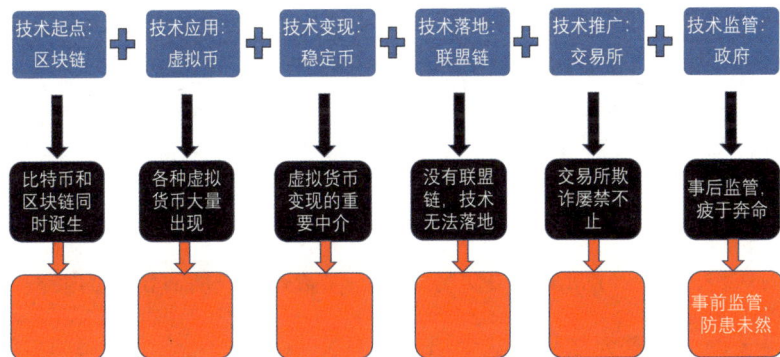

技术起点：区块链 ➕ 技术应用：虚拟币 ➕ 技术变现：稳定币 ➕ 技术落地：联盟链 ➕ 技术推广：交易所 ➕ 技术监管：政府

比特币和区块链同时诞生　各种虚拟货币大量出现　虚拟货币变现的重要中介　没有联盟链，技术无法落地　交易所欺诈屡禁不止　事后监管，疲于奔命

事前监管，防患未然

图 2.3.1　新加坡政府介入后的 6+1 技术产业链

新加坡政府很清楚，99% 未经改造的区块链技术都是通过发币圈钱，都是从空到空的数字游戏，所以其不允许这些落户新加坡的

机构向新加坡公众推销各种虚拟币。很明显，这是一种非常典型的以邻为壑的策略。其诉求很简单——通过低税收和弱监管吸引这些机构来新加坡落地，为当地创造就业，带来资本。让这些机构去新加坡以外的地方把这些空气币卖出去，会带来什么危害无所谓，只要不影响新加坡就好了。

毫无疑问，这是一种很不道德的策略。但是它忘了，互联网是没有边界的。FTX崩盘后，新加坡成为受影响第二大的国家（第一是韩国），平均每个月有24万人在FTX上交易。新加坡的淡马锡控股还直接投资了FTX，这无疑等同于政府在给FTX打广告，助长了新加坡公民的投资胆量。

所以，2022年5月新加坡副总理王瑞杰还在说要打造"去中心化金融中心"，2022年11月另一位新加坡副总理黄循财就改口说，"新加坡没有计划成为加密货币活动的枢纽，此前人们对区块链技术的看法过于乐观"。黄循财还明确表示，加密货币本身没有内含价值，进行加密货币交易的人必须做好丧失所有价值的准备，再多的监管都无法排除这个风险，FTX不是第一个倒闭的虚拟货币交易平台，也不会是最后一个。

如果新加坡政府是真心拥抱区块链技术，就应该真正发展Web3.0产业。那么它应该做的事情和香港特区政府一样，即用心改造区块链技术。如果新加坡政府这么做了，香港特区政府发展 Web3.0 的优势可能远没有今天这么大。

2.4 日本是香港最大的竞争对手

日本未来会是 Web3.0 领域的重要参与者。因为从产业链的角度看，日本政府和香港特区政府一样，都对 6+1 产业链进行了巨大改造，如图 2.4.1 所示。

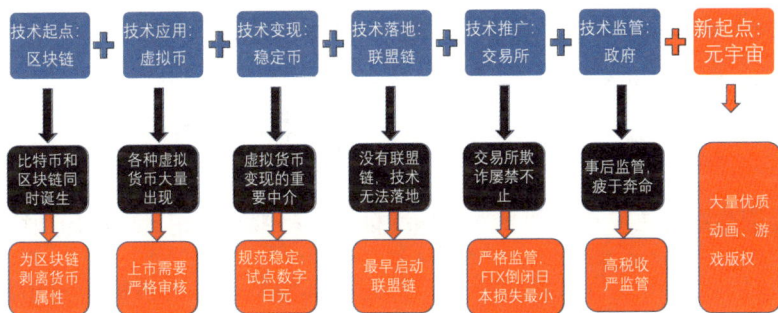

| 技术起点：区块链 | + | 技术应用：虚拟币 | + | 技术变现：稳定币 | + | 技术落地：联盟链 | + | 技术推广：交易所 | + | 技术监管：政府 | + | 新起点：元宇宙 |

比特币和区块链同时诞生 / 各种虚拟货币大量出现 / 虚拟货币变现的重要中介 / 没有联盟链，技术无法落地 / 交易所欺诈屡禁不止 / 事后监管，疲于奔命

为区块链剥离货币属性 / 上市需要严格审核 / 规范稳定，试点数字日元 / 最早启动联盟链 / 严格监管，FTX 倒闭日本损失最小 / 高税收严监管 / 大量优质动画、游戏版权

图 2.4.1　日本政府介入后的 6+1 技术产业链

由于比特币的开发者中本聪一度被怀疑是日本人，所以日本对比特币有某种天然的亲切感。日本也是最早把区块链技术从比特币中剥离出来进行应用研究的国家。2017 年，日本金融服务管理局就宣布正在开发一种由区块链推动的平台，将使日本客户能

够在多家银行和金融机构之间即时共享个人信息。其他研究中的应用，比如房地产登记、身份登记、供应链金融、银行间清算等也都在推进中。

虚拟币大量出现后，日本政府也加强了监管。2016 年 5 月 25 日，日本国会通过《资金结算法》，承认数字货币为合法支付手段，并将其纳入法律规制体系之内，日本因此成为全球第一个为数字货币交易所提供法律保障的国家。日本的代币发行需要日本金融厅审核，所以美国加密货币交易所（Coinbase）在日本的交易所只上架了 20 多种币，但是 Coinbase 在美国上架了 200 多种币。即便如此，拥有日本合法牌照的 Coinbase 依然于 2023 年离开了日本，原因是监管太严。

稳定币方面，日本也有很大进展。2023 年 6 月 1 日生效的《资金结算法》允许经日本金融厅批准的持牌银行、代理机构和特定信托公司发行有法定货币（日元或其他货币）支持的稳定币，相应的法定货币必须托管在日本信托银行。同时，所有交易客户都必须实名登记。而且数字日元也于 2023 年 4 月启动试验，首先开发离线支付功能，日本央行将在 2026 年以前评估是否发行数字日元。我们不知道数字日元的研发细节，但是相信其未来会和数码港元形成竞争。

联盟链方面，日本起步也早于香港。2016 年 4 月，日本就启动了区块链合作联盟，成员数量多达 109 个。

交易所监管方面，2017 年日本金融厅相继为 16 个虚拟货币交易所颁发牌照，但是日本交易所只允许日元与数字货币交易，并且需要实名的日本银行卡。这道门槛基本将外国用户排除在外，所以日本的虚拟货币交易所的国际影响力不大。因为日本发生过多次黑客攻击虚拟货币交易所事件，经过多次亡羊补牢后，日本政府现在对虚拟货币交易所的监管非常严格，比如虚拟货币交易所必须把客户资产和交易所资产分开，交易所必须把客户 95% 以上的资产存到线下冷钱包，把客户的法定货币委托给信托公司或银行管理，定期向日本金融厅汇报等。正因如此，FTX 崩溃时才没有给日本造成什么损失，其 8000 个用户以及 217 亿日元得以顺利转出。香港特区政府对交易所的监管要求也是吸取日本的经验教训的结果。

元宇宙方面，日本虽然还没有什么大的动作，但是他们手里拥有大量的高质量版权。他们的游戏、动漫、动画在中国甚至全世界都非常有竞争力。这些 IP 将来在 NFT[①] 和元宇宙领域都有巨

---

① NFT，全称为 Non-Fungible Token，指非同质化通证，实质上是区块链网络里具有唯一性特点的可信数字权益凭证，是一种可在区块链上记录和处理多维、复杂属性的数据对象。

大的发展潜力。日本在这方面的优势要超过香港。

2023 年 7 月 25 日，日本首相岸田文雄强调，Web3.0 可以改变互联网的现有格局，引发广泛的社会变革，而日本可以把 Web3.0 作为解决现存社会问题的关键一招。

日本自民党 Web3.0 项目小组 2023 年 4 月 6 日还颁布了一部白皮书，他们建议日本政府把虚拟货币所得税从 30% 降到 20%；另一方面，只对已实现的收益课税。整体来看，在 Web3.0 领域日本是香港强有力的竞争对手，香港绝对不能掉以轻心。目前，日本在虚拟货币领域存在感不强，这是因为监管太严、税收太高；一旦日本政府认为时机成熟，选择放松管制，可能会对香港构成一定的冲击。

03

香港剥离区块链货币属性

3.1 什么是区块链?

区块链起源于比特币。2008 年 11 月 1 日,一位自称中本聪的人发表了一篇题为《比特币:一种点对点的电子现金系统》的论文,这篇论文的目的是解决电子货币的双重支付问题。为了解决这个问题,中本聪发明了一套复杂的计算方法,这个计算方法被称为"区块链技术",这种电子货币被称为"比特币"。

这篇论文阐释了一个基于 P2P 网络技术、加密技术、时间戳技术、区块链技术等的电子现金系统的架构设计理念,这个理念在两个月后被付诸实施——2009 年 1 月 3 日诞生了序号为 0 的创世区块。随后在 2009 年 1 月 9 日,序号为 1 的区块也被生成,并与创世区块形成链,这就是区块链的诞生。我相信大家听了这些仍然是一头雾水。我下面用区块链领域的四个词来解释这个技术。

第一个词,哈希函数。我们都学过二元一次方程,比如 y=2x+1,当我们知道 x 是多少时,我们可以算出 y 的值;知道 y 值也可以倒推出 x 的值。因为这个函数是一条直线,直线上的 x

和 y 是一一对应的。而在哈希函数里，输入一个 x 值也能得出随机 y 值，但是知道 y 值却无法倒推出 x 值，因为 x 有无限多，而 y 有特定区间。而且哈希函数里的 y 值是有固定长度的（通常是 256 位数）。比如在哈希函数中输入 x=1，可以得出一个 256 位数的 y 值；输入香港的人口数量 x=741 万，同样可以得出一个 256 位的 y 值。至于这个哈希函数有什么实际用处，大家先不用理会，只要知道哈希函数在密码学领域已经被广泛应用，技术已经成熟。其最重要的特点就是：知道 y 值不可倒推出 x 值。想要知道 y 对应的 x，必须把 x 一个一个代入函数计算，这就是不可倒推的意思。

第二个词，数字签名。去银行存款时，银行会给你一个账户号码，然后让你设置一个密码。在区块链领域也是一样的，想要拥有比特币，你得先有一个账户，这个账户号码就叫"公钥"，账户密码就叫"私钥"。公钥和私钥组合到一起进行信息传递，这在密码学领域叫"非对称加密"。公钥和私钥行使的功能就是"数字签名"。比如，郎教授要给你转账 1 个比特币，郎教授就用你的公钥对转账信息进行加密。你收到郎教授的转账后，用私钥进行解密，然后就能处理自己的账户余额了。别人怎么知道郎教授真的有 1 个比特币呢？别人怎么知道郎教授真的要给你转一个比特币呢？所以郎教授在转账的时候必须用自己的私钥对这个交易进行"签名"。其他人收到这个消息后，要用郎教授的公钥去验证这个签名的正确性。这里要注意：签名用的是这个人的私钥，验证签名用的是这个人的公钥。确认无误后，大家就认可了这一笔转账，并进行记录。

哈希函数和数字签名就是区块链的密码学基础。大家理解这两个技术后，我们继续讲利用哈希函数创造的哈希指针。

第三个词，哈希指针。在区块链中，"链"这个字就是指"哈希指针"技术。第一个区块产生之后，后面的区块要把前一个区块当成 x 值输入到哈希函数中得出一个 y 值，这个 y 值又是下一个区块的一部分。以此类推，整个链条中任何一个地方被篡改都会被迅速检测出来，因为它会导致最后一个区块（也叫最近区块）的 y 值发生变化。这就是区块链和其他链的区别，也是区块链不可篡改性的技术原理，如图 3.1.1 所示。

图 3.1.1　区块与哈希指针

第四个词，默克尔树。将每个交易产生的数据块都代入哈希函数，然后取相应的哈希值；两笔不同交易的哈希值放到一起后再次代入哈希函数，取哈希值。以此类推，最后得出一个根哈希值。这个根哈希值是区块的一部分，只要其值不变，就可以证明整条链上的交易是正确的。这个根哈希值延伸出来的链条就是默克尔树，它可以让区块链上的交易更便捷，不需要每个节点都带着全部的账本数据，如图 3.1.2 所示。

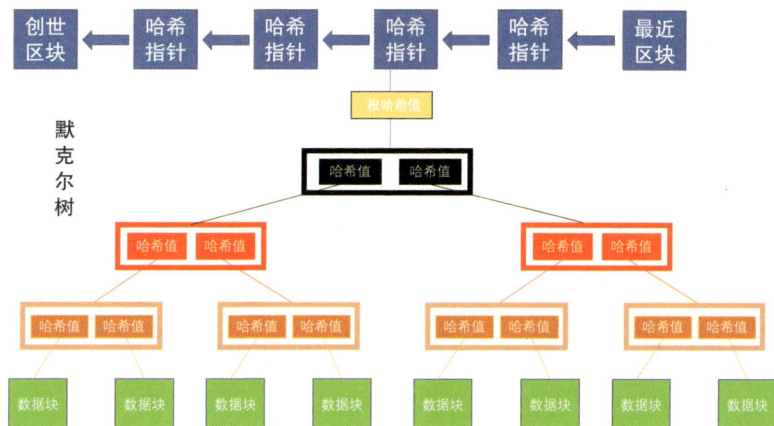

图 3.1.2　默克尔树技术演示

上面这四个概念都不是中本聪创造的，它们都是密码界、计算机界已经有的技术，但是中本聪是第一个把这些技术全部放在一起的人，所以他创造了比特币。你只要理解这四个词，对区块链的了解就会比 99% 的人更深刻。它最终可以实现让任何两个参与者之间直接进行在线支付，而不需要通过任何中介机构。比特币网络通过将所有交易记录在一个公开的、不断增长的、基于工作量证明的链条上形成一个分布式的共识系统，保证了交易的不可篡改和不可逆转。比特币系统只要保证诚实节点所控制的计算能力占多数，就能抵御任何潜在的攻击者。

3.2 区块链有什么价值？

毫无疑问，中本聪的这个发明产生了巨大的影响。现在全球诞生了一万多种号称使用区块链技术的加密货币，而且有数百个交易所，总市值高达 1.1 万亿美元（如图 3.2.1 所示）。比特币作为创世虚拟币，占了 46.38%，几乎占据了半壁江山。

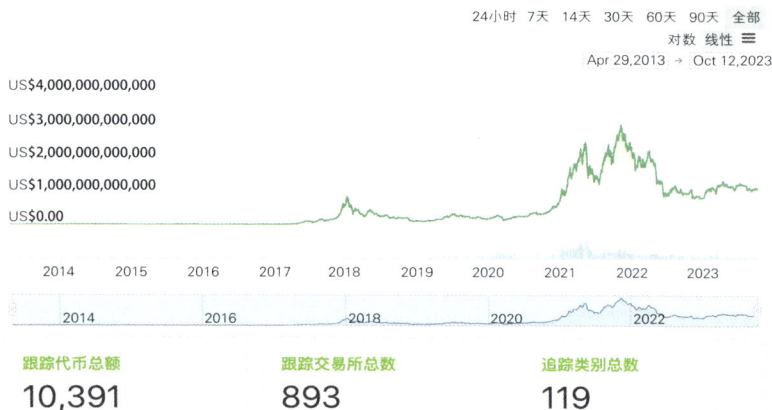

跟踪代币总额　　　　跟踪交易所总数　　　　追踪类别总数
10,391　　　　　　**893**　　　　　　**119**

显示了全球加密货币的总市值和交易量，这是根据我们追踪的 10,391 种加密货币计算而未的结果，其范围横跨 893 个交易所。

图 3.2.1　总加密货币市值图表[①]（截至 2023 年 10 月）

---

① https://www.coingecko.com/zh/global-charts

大家可能对 1.1 万亿美元没有概念。截至 2023 年 8 月，中国所有流通中的现金（M0）只有 1.06 万亿人民币，是全球加密货币的七分之一，是比特币（5077 亿美元折合 3.7 万亿人民币）的三分之一。

毫不夸张地说，谷歌、微软、摩根、高盛、阿里、腾讯等全世界所有的互联网巨头、金融巨头都在研究这一项技术，中国的金融机构如工、农、中、建等银行也都在研究。2019 年 10 月 25 日，习近平总书记也强调，把区块链作为核心技术自主创新的重要突破口，明确主攻方向，加大投入力度，着力攻克一批关键核心技术，加快推动区块链技术和产业创新发展。大家要知道，中央层面很少提具体的技术名词，区块链是为数不多的被中国最高层点名的技术，如图 3.2.2 所示。

习近平在中央政治局第十八次集体学习时强调 把区块链作为核心技术自主创新重要突破口 加快推动区块链技术和产业创新发展

人民网 2019-10-25 18:17

新华社北京10月25日电 中共中央政治局10月24日下午就区块链技术发展现状和趋势进行第十八次集体学习。中共中央总书记习近平在主持学习时强调，区块链技术的集成应用在新的技术革新和产业变革中起着重要作用。我们要把区块链作为核心技术自主创新的重要突破口，明确主攻方向，加大投入力度，着力攻克一批关键核心技术，加快推动区块链技术和产业创新发展。

图 3.2.2　习近平总书记关于区块链技术的强调[①]

————————

① https://baijiahao.baidu.com/s?id=1648403747787957868&wfr=spider&for=pc

用数学方式解决信任问题

区块链最大的价值在于，它用数学方式解决了信任问题。《经济学人》杂志在 2015 年 10 月 31 日，刊登了一篇为《信任机器——比特币背后的技术如何改变世界》的封面文章，把区块链形容为"制造信任的机器"，如图 3.2.3 所示。

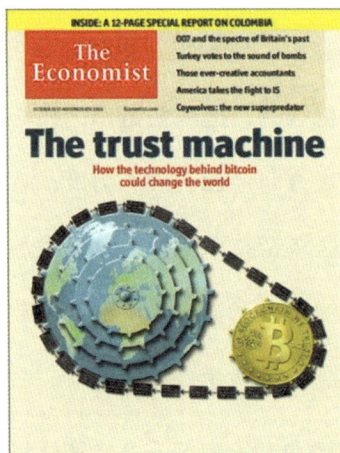

图 3.2.3 　《经济学人》（2015 年 10 月 31 日）

在人类历史上，解决信用问题一般靠伦理道德和法律制度，可是这些本质上都不可靠。只有数学才是终极可靠的解决方案。这种全新的信用解决方式将让我们的社会产生翻天覆地的变化，影响生产、生活的各个方面。现在，这一切才刚刚开始。

区块链这种组织方式是最自然、最接近事物本质的方式。一些人看到区块链技术的原理后会本能地质疑：把同样的信息储存这么多份，不是很浪费资源吗？找一个大家都信任的中心不就可以了吗？这种质疑是有价值的质疑，只不过思考还不够深入。对于去中心化的技术，短时间内的确没有中心化的效率高，但是从行业整体进化的角度来讲就不是这样了。从前面讲的默克尔树技术可以看出，一个区块只需要记住关键的节点信息就能证明整个链条的可靠。从系统的角度讲，这是非常高效的。

可能人类本身就是用区块链的方式组合的。我们每个人的DNA 在受精卵形成的那一刻就确定了，一半来自父亲，另一半来自母亲，这就是创世区块；直到个体死亡，人的 DNA 都不会改变。关键是，我们的每一个细胞里都有全套 DNA 备份，心、肝、脾、肺、肾，泪液、唾液、头发等所有细胞里都有你出生时的那一套 DNA 的完整备份。正是这一套 DNA 在指挥着你的细胞如何发育，命令它长成各种需要的器官。这正是默克尔树的工作方式——不同的哈希值代表了不同的交易链。我相信，经过几十万年的进化，生物体中这种多中心备份的区块链是最有效率的组织方式，人类就是这种进化的结晶。正因为每个细胞都有完整的DNA，克隆才具备了理论上的可能性。

现在，我们把这种信息传递方式用数学的形式表达了出来，这就是区块链技术。我们可以用区块链解决不限于信任等方面的很多问题。中本聪在 2015 年被加州大学洛杉矶分校的巴格万·乔德里（Bhagwan Chowdhry）教授提名为 2016 年诺贝尔经济学奖候选人。巴格万·乔德里教授说："中本聪的贡献不仅会彻底改变我们对金钱的思考方式，很可能还会颠覆央行在货币政策方面所扮演的角色，并且将会破坏如西联这样高成本汇款的服务，彻底消除如 Visa、MasterCard、PayPal 它们收取 2%—4% 的中间人交易税，消除费事且昂贵的公证和中介服务。事实上，它将彻底改变法律合约的方式。"

区块链的前景

你可以质疑比特币不是货币，这涉及货币的定义。但是，没有人质疑区块链是一门科学，而任何科学都是持续演进没有止境的，区块链也不例外。

区块链是数学的语言。数学这门工具进入哪个领域，哪个领域就会发生翻天覆地的变化。数学进入物理学，人类可以研发出原子弹，可以飞出地球走向太空；数学进入建筑学，人类可以盖起高楼大厦；数学进入人类社会重建信任领域，经济学、法学、管理学等所有需要依靠法律制度和道德建立信任关系的学科都将被重构。比如经济学今天非常显赫，可是经济学的基本假设是：人都是自私的、理性的，每个人都追求自身的利益极大化。这显然不是一个全面的概括。有了区块链重建信任关系，很多命题将不再需要假设，而是已知项。经济学大厦将倾！在数学的帮助下，社会科学和自然科学在理论上具备了统一的可能性。

既然区块链这么有前景，为什么区块链的应用迟迟没有到来呢？主要有两个障碍：一是区块链必须剥离货币属性，二是区块链必须能和实体资产挂钩，让实体资产上链。我们会在下文中为大家一一解答，在此之前先纠正一下媒体对区块链技术常见的一些误区。

3.3 对区块链技术的常见误区

区块链万能论

持有这种观点的人不在少数，几乎所有介绍比特币和区块链的书都会展望其未来的趋势。大家会把区块链用在各个领域，似乎区块链可以解决一切问题。比如，认为区块链可以构建完美的契约世界，不仅会重塑货币市场、支付系统、金融服务及经济形态的方方面面，而且会改变人类生活的每个领域，如利用区块链技术匿名投票选举领导人，利用区块链技术的去中心化电商平台匿名购买商品，去医院看病也能用区块链技术防止个人信息泄漏，政府也能用区块链技术配置公共资源、提供公共服务，甚至个人结婚也能用区块链技术来进行公证，等等。

这种人完全没搞懂区块链是什么，甚至没看到区块链技术的任何不足之处，只是简单地根据区块链技术的几个特点想象可能发生的改变，而根本不考虑成本和效率，更不考虑相关需求是不是真实存在。

实际上，大部分关于区块链的预测基本上都没有应验。摩根士丹利（Morgan Stanley）曾预测，2017—2020 年基于区块链的共享架构就会开始出现，然而我们回顾这段时间，实际上根本就没有出现相关方面的架构。2016 年，世界经济论坛甚至预测，到 2025 年，世界 GDP 的十分之一都将应用区块链技术来实现，或者储存在区块链上。可现在已经到了 2023 年，这一趋势还没有任何迹象。

实际上，区块链只是一门技术。它是中性的，能改变什么取决于我们如何用，取决于其怎么和现实世界结合，取决于其成本和效率。面对任何新技术，资本不会忘了基本的商业逻辑——能不能降低成本，能不能提高效率。

区块链无用论

讲区块链无用论的观点比讲区块链万能论的观点更有价值，因为其提出了真实的问题。在科学领域，提出问题本身就有巨大的价值，因为提出问题才可能有解决问题的办法。

从本质上看，区块链是用信息冗余储备创造难以更改的信用——每个人都能记录账本，导致账本无法被改。想一下就能明白，这肯定会造成效率下降，因为大家在做同样的事情。由于全网节点共同记录，所以比特币每秒只能处理 7 笔交易，而且需要 1 个小时才能确认。这是全球最大的公有区块链面临的事实。批评者说它无用，这无可厚非，这种效率显然无法支撑金融需求。支付宝双十一期间最快每秒处理 58.3 万笔交易，而比特币系统要 23 小时才能处理完支付宝 1 秒钟的交易量。

说区块链无用的人还批评这个技术主要用来创造空气币，这也是事实。不夸张地说，99% 的 ICO[①] 都是空气币。虽然泡沫期是新兴产业发展前期无法摆脱的阶段，但是没有人会歌颂泡沫。别人批评区块链技术创造空气币也没说错什么。

这些批评是有价值的，因为无用论者提出的问题都在一个一个被解决。比如，闪电网络的出现大大加速了比特币处理交易的速度。其实中本聪在 2009 年创造比特币的时候，就有了关于支付通道的想法，并在 Bitcoin 1.0 中包含了支付通道的代码草稿。在这之后的几年里，区块链的技术大牛们一直在推进支付通道和闪电网络的实现方案。

闪电网络并不复杂，其交易环节放在链下进行，只有最终的交易结果才在链上确认，从而提高了现有比特币网络的交易效率。交易的双方在首笔交易时建立一个链下的支付通道，本质上就是交易双方共持的账本，用于保存交易记录。交易双方在通道中锁入一定数量的资金，然后通过私钥进行签署交易。双方之间的资金转移不在链上进行，而是只保存在彼此的账本上，当其中一方或双方决定不再需要该通道的时候，再将结算的余额放在主网上

---

① 首次代币发行，即区块链初创公司通过发行加密代币（包括但不限于比特币、以太币等币种）的方式进行融资。

广播。2021 年，萨尔瓦多将比特币法定货币化后，闪电网络得到了更多的应用，通道中的比特币数量也在快速增长。截至 2023 年，闪电网络一共有 1.6 万个节点，近 7.7 万个支付通道，通道资金约 5356 枚比特币（约 1.24 亿美元）。

对于空气币，香港特区政府直接出面监管，只有被审核过的虚拟资产才可以在交易所交易，目前只批准了比特币、以太币和泰达币这三种。政府监管可以把害群之马赶出去，让真正研究区块链技术的人最终胜出。所以说，这些技术性的批评是有价值的。

美国联邦调查局已经破解了比特币？

2021 年 6 月 7 日，美国司法部宣布，已经追回科洛尼尔输油管道公司支付给黑客组织 75 枚比特币中的 63.7 枚，结果比特币当天暴跌 10%。美国联邦调查局接受采访时也故意释放模棱两可的信息：旧金山联邦调查局的工作人员埃尔维斯·陈（Elvis Chan）在接受 NBC 采访时，拒绝透露获取私钥的细节，他说在未来的行动中还有可能用到同样手段。这种表态似乎暗示联邦调查局已经能攻破比特币的逻辑，算出私钥。但真相是，黑客租用的云端服务器被联邦调查局控制，从服务器上可以找到私钥，从而把币转到自己的地址上，所以此次事件与比特币本身的安全性没有关联。

哈希算法万无一失吗？

比特币用的哈希算法，输入一个任意数 x，输出一个固定长度的 256 位数 y。因为在计算机世界里，每一位数都只能有 0、1 两种可能性，所以 256 位数意味着 2 的 256 次方种可能性。这是一个非常非常大的数，大家默认这是不可破解的。从数学的角度看，实际上输入的 x 是无限的，输出的 y 是有限的，所以只要试的次数够多，一定会出现两个 x 值得出同一个 y 值的情况，甚至是试出同一个 x 值，密码就被破解了。

在 256 位密码出现之前，美国国家安全局设计了基于哈希函数的两大密码，一个是 MD5（Message-Digest Algorithm 5），一个是 SHA-1（Secure Hash Algorithm 1）。这是当时国际上公认的最先进、应用范围最广的两大重要算法，后者更被视为计算安全系统的基石，有着"白宫密码"之称。MD5 是输入一个任意数得出 128 位数，SHA-1 输入任意数可以得出 160 位数。但是，它们都被清华大学王小云教授破解了。王教授 2004 年破解 MD5 算法，2005 年破解 SHA-1 算法。2006 年，美国向全球密码学者征集新的国际标准密码算法。大家可能不知道，王小云教授那时候不懂编程，用手写推导的方式，写了400多页纸，几百个方程推导了3个月，破解了MD5。大家还觉得哈希算法万无一失吗？

所以，哈希函数的破解只是时间问题。密码学一直在持续进步。

区块链能做到完全匿名吗？

瑞士苏黎世联邦理工学院和德国NEC欧洲实验室的学者们研究发现，即使采用了隐私保护措施，40%的比特币用户身份信息仍然能够被识别出来。加密货币虽名为加密，实际上是公开账本，通过大数据分析地址之间的交易可以发现账号之间的关系。如果你还用比特币进行过网购，那么你的姓名、地址、电话等信息都会暴露；在商店使用比特币支付，对方看似不了解你的信息，但在交易系统里，你与谁交易、金额、地点等信息都会暴露，很容易被识别出具体的身份。比特币的匿名性并非想象的那么高。

诈骗者还可以通过向用户钱包地址中发送非常微小数量的交易来跟踪用户钱包中的资金和所有的交易，继而确定这些钱包地址所属的公司或个人，并以威胁暴露用户信息的方式来获取非法收入。粉尘攻击最初是针对比特币进行的，但后来蔓延至其他流行的区块链。

3.4 区块链涅槃重生

2020 年 3 月 31 日，我在《人民日报》数字版发表署名文章谈道："区块链只有剥离货币外衣之后才能涅槃重生。防篡改、去中心、可追溯等特点只有在真实世界中得到应用才能获得价值。"制售假证、毒品交易、绑架赎金、武器买卖、互联网勒索等在暗网领域流通的地下经济，是目前比特币在真实世界中的主要应用。只有剥离货币外衣后，区块链技术的价值才得以重见天日。香港特区政府为这一步作出的贡献可谓相当巨大。

2023 年 4 月 13 日，香港特区政府财政司司长陈茂波在"2023香港 Web3 嘉年华"开幕式上说：**"Web3 要真正成功，关键是更好服务实体经济与市场需要，以创新的技术、模式和应用，解决存在已久的痛点、难点，提升效率，造就更好的体验，创造新的价值、新的模式。"**这是我听到、看到的所有关于香港 Web3.0 的阐释里最接近真理的一句话。Web3.0 绝对不应该是从空到空的炒作，而是服务实体经济和市场所需要的。

香港金管局前总裁、香港 Web3.0 协会理事会会长陈德霖说："**数码世界并不是脱离现实的虚拟世界，而是以数码形式将虚实结合，以技术的红利推动社会进步……若一个虚拟的纯数字产品，只能自我死循环存在，无法与现实世界链接，对实体经济毫无裨益，这不是 Web3.0 追求的目标。**"这些香港高级官员、香港 Web3.0 的领军人物的发言让我对香港发展 Web3.0 充满信心，因为香港找对了方向。为区块链剥离货币属性，让它走到实体经济的汪洋大海中去服务民众，这才是区块链生命力的来源！

今天，全球的金融系统主要处理股市和债市的流量。股票的本质是股东权益的证券化，债券的本质则是债务权利的证券化，其他市场基本都是由此衍生的，比如抵押贷款证券是银行信贷的证券化，穿到底层则是房屋贷款者的债务。证券创造了资产的流动性，资产的流通就是金融的本质，一切金融都是为流通服务的。

今天，中国的金融系统是以银行为中心构建的。债券、股权的直接融资规模不如银行。银行的运行也是为资产流通服务的，企业和某银行长期合作，该银行就会对企业进行授信；有了授信，企业就能直接从银行拿钱。从这个角度看，似乎是银行赋予了企业资金。我们再往下挖一层，企业的信用从哪里来呢？肯定是从经营中来，上游购买原料、中游雇用工人、下游找到消费者，企业运行中消耗的水费、电费，产生的物流费、工资、库存、应收账款等，所有这些数据让银行对企业产生了信心。也就是说，企业信用源于自身的经营，而不是银行的授权。

过去的问题在于，企业的数据可能是假的，所以银行不敢授信。债券也一样，对企业的经营数据不了解，不相信，可能直接影响债券价格。所以，这个世界产生了评级机构，它们的存在也是为了让债券流通更顺畅。区块链技术的出现从理论上讲让资产天然具有了流动性，因为它能解决数据的信任问题。

所以，区块链技术对金融的影响将是翻天覆地的。当然，其中还有很多问题要解决，尤其是如何确保数据上链时的正确性，以及如何处理数据上下游的衔接，哪一种法定货币能率先作出数字版稳定币。目前这些问题都还没有解决方案，这正是需要"通证设计"的原因，也是区块链项目最大的魅力所在。一旦设计出一个大家都能接受的循环，就等于创造了一个新的金融系统底层平台。这一系统的影响力怎么高估都不为过。我们期待香港能够在 Web3.0 时代大有作为。

04

香港把虚拟币引入正途

4.1 虚拟币乱象

比特币诞生后，跟风产生了无数的虚拟货币，其中 99% 都是空气币、山寨币、传销币等，也由此产生了无数的骗局，逼得中国、韩国等政府立法，明确禁止 ICO。虽然国内严禁 ICO，但许多项目跑到国外去包装一圈后又回到国内进行发币。

ICO 的风险突出：

1. 欺诈风险：由于缺乏有效的监管和披露，一些发行方可能会制作虚假的白皮书，夸大项目的前景。投资者很难辨别真假，可能会遭受重大损失。

2. 投机风险：由于市场缺乏成熟的定价机制和流动性支持，代币的价格往往波动剧烈，容易受到操纵。投资者可能会被高额的收益诱惑，盲目跟风，忽视风险，最终成为接盘侠。

3. 法律风险：由于代币融资涉及跨境交易和多种货币形式，可能会触犯一些国家或地区的法律法规。如果发生纠纷或争议，投资者难以维护自己的合法权益。

比如超级明星（MXCC）项目，2018 年 1 月 9 日注册官网域名，1 月 12 日就已经开始 ICO 众筹。发行价 2.4 元，发行量 20 亿元，募集资金约 50 亿元。2018 年 1 月 27 日，MXCC 上线香港尚亚交易所，结果开盘价仅 0.2 元，3 月 14 日价格彻底归零，然后就是项目方失联跑路，短短 6 个星期就完成了从发起到收割、归零、跑路的全流程，创造了割韭菜界的"神话"。问题是，这样的项目数不胜数。中国裁判文书网已经判决的涉及虚拟货币的案件有 8019 个，如图 4.1.1 所示，相信还有更多受害者是没有走法律途径默默认栽的。

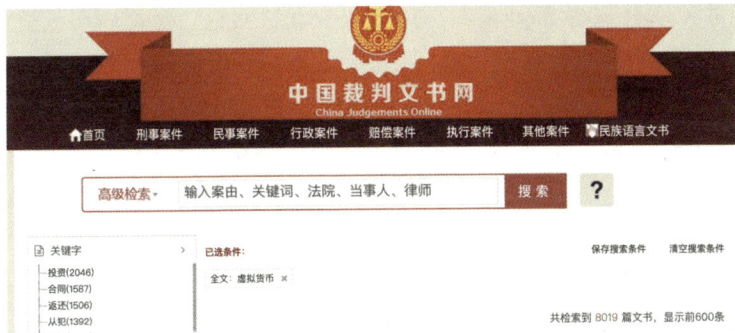

图 4.1.1　中国裁判文书网关于虚拟货币的案件[①]

之所以会出现上述状况，是因为这些区块链创业公司都想通过

---

① https://wenshu.court.gov.cn/website/wenshu/181029CR4M5A62CH/index.html

ICO 来进行融资。发行方可以快速筹集大量资金，无须经过复杂的审批和监管程序。为了拿到融资，他们会夸大项目收益、包装团队履历、虚假陈述等，将项目吹得天花乱坠。然而，因为没有真正的造血能力、研发能力，根本无法满足前期的投资回报要求，所以融到资金后就会迅速跑路。因此可以不夸张地说，99.9% 的虚拟币都是空气币，和真实资产无关，既不能发挥价值储藏的功能，也不能做价值单位，就是一堆没意义的数字垃圾。

不仅中国如此，彭博市场评论栏目撰稿人兼投资者亚伦·布朗（Aaron Brown）表示："ICO 市场显然有很多诈骗和炒作。我目睹的 ICO 有 80% 都是骗局，10% 缺少真材实料，融资后不久就倒闭了。在剩下的 10% 里面，大部分可能也会关门大吉。"

我给大家举个例子，告诉你发币有多容易。我以支持火币生态链的发币网站为例，如图 4.1.2 所示，我们要输入的，其实就是代币名称、代币符号、代币小数位、初始供应量、总供应量这几项。我们正在谈论香港 Web3.0，那我就把这个代币起名为 HKWEBCOIN吧，代币符号则为 HKWC，简称"港网币"。香港有 750 万人口，那我就把发行总量定为 7500 亿枚，平均下来每人能有 10 万枚，均分给大家。这要是大涨了，我们每个人都发大财了。

图4.1.2 HRC20代币一键发币

当然，在此之前你还需要有一个虚拟币的钱包，这样才可以支付发行的手续费并存放这7500亿枚HKWC。使用谷歌的浏览器插件，搜索"Token"一类的关键词，你可以很容易地找到相关插件。在安装插件和注册好钱包之后，点击发币网站的发行代币按钮，网站会获取你的钱包地址，并需要你支付2 HT（火币积分）的手续费。此后再点击发行，这7500亿枚HKWC就正式发行成功了。

复制代币发行交易的哈希值到火币区块链网站上，就能清楚地查到这笔数量为 7500 亿枚的 HKWC。点击页面上的 HKWC，就能找到这个"港网币"的合约地址，再把钱包的网络切换到 HECO 主网络，点击添加代币，把合约地址填进去，数字钱包里就会立马出现 7500 亿枚"港网币"。

但是，光有币，没人接盘不行；没有可炒作的概念，没有名人、机构背书，则很难把"港网币"的价格炒起来。就像火起来的狗狗币和屎币，前者有马斯克背书，后者更是把一半的屎币都打给了以太坊的创始人 V 神。那我也来模仿一下屎币团队，把我发行的"港网币"的 10% 打给李嘉诚（假设我知道他的钱包地址），10% 打给香港特首；接下来，我就可以借着他们的名头炒作这剩下的 80% 的"港网币"。

为了扩大传播效果，还可以编撰一份白皮书，用互联网黑话聊一些"高大上"的概念，比如"支持粤港澳大湾区""赋能香港 Web3.0""巩固香港金融中心地位，让每个香港人都成为百万富翁"，等等。然后，这个币就可以开始炒作了。假设我在交易所用自己的钱把这个币炒到 1 分钱 1 枚，7500 亿枚的市值就是 75 亿元。如果我个人持有 50% 的币，我的身家就是 37.5 亿元；如果炒到 1 毛钱一枚，我的身家就是 375 亿。看懂了吗？还记得我的初始发币成本是多少吗？2个火币积分，价格不到5美元。

知道了发币原理后，我相信很多人都会选择远离虚拟币。你所知道的不同名字的虚拟币只是运行的公链不同，发币成本略有差异，其他原理都是一样的。

4.2 香港把虚拟币引入正途

目前全世界至少有1万多种虚拟币。当然，我前面展示的发币方法理论上可以发行无数种虚拟币。但是，它们是没有任何价值的。货币的价值取决于炒作，或者说取决于共识圈的大小。当知道一种币的人越多，它的价格可能就越高。目前，币安作为最大的虚拟币交易平台，允许388种虚拟币交易。而香港目前只允许交易比特币、以太币、泰达币这三种虚拟币。

比特币可以交易，这一点大家都理解，因为没有比特币就没有区块链技术，它们是"孪生兄弟"。以太坊是什么呢？我在这里简单说一下。2013年，俄罗斯程序员维塔利克·布特林（Vitalik Buterin）受到比特币技术的启发后，开发出了"第二代公有链"技术——以太坊。

以太坊的逻辑是这样的：第一，比特币用五年的时间（2008—2013年）证明了密码数字货币的可行性，证明了区块链技术的安全性。第二，比特币网络的问题是网络上只有比特币，无法和真正的世界发生联系。所以，以太坊搭建了一个纯粹的区块链平台，任何人只要发送相应的"以太币"，就可以来上面写应用（APP）。这个应用（APP）可以包括任何信息，比如发虚拟币、博彩、抵押贷款、保险、延迟确认付款等，只要设定了触发条件，合约就会被自动执行，区块链全网记录，因此这个应用也被称为智能合约。

简单地说，比特币的区块链系统只能记录比特币，是电子货币；以太坊创建了能承载各种智能合约的区块链平台，是公共计算机。所以，以太坊被称为区块链2.0。在以太坊上运行软件的客户要付出以太币，这些以太币用来激励那些提供区块链算力的矿工，以此完成交易闭环。现在，以太币是仅次于比特币的、第二大市值的加密货币。

正是因为有了以太坊这样的区块链平台，全世界诞生了很多以前无法存在的交易。其中最典型的是NFT（Non-Fungible Token），也就是非同质化代币。和可以分割的比特币等虚拟币不同，NFT不可分割。NFT的运作很简单，例如，一位艺术家想出售自己的作品，除了直接在现实世界里通过常规手段售卖，他还可以将作品上传到以太坊的区块链平台，再将作品进行数字资产认证后就能转换成 NFT，并生成一个代码，这个代码就是这位艺术家作品的"真品证书"。这个证书记录了该数字作品的来源、售价、转卖等信息。从这个角度看，万物皆可 NFT。

2021 年，艺术家 Beeple 将其创作的 5000 幅日常画作拼接在一起，制作成 NFT 进行拍卖，如图 4.2.1 所示，最终以 6934 万美元的高价卖出。NFT 构建了一座连接现实世界资产和数字世界资产的桥梁，将现实世界的资产通过 NFT 的方式映射在区块链上。

图 4.2.1　Beeple 作品——《每一天：前 5000 天》

香港特区政府允许交易的第三种虚拟币是 USDT 稳定币，也叫泰达币。USDT 是目前最大的稳定币提供商，一半以上的比特币都通过 USDT 交易。它是虚拟币换成法定货币的重要渠道，号称每一个 USDT 都有相应的美元储备。

可能有人想问，除了上面三种虚拟币以外，还有什么是有价值的代币，有没有什么标准？我们认为，有价值的代币至少要具备以下三个条件之一：第一，具备物权属性。代币是一种可流通的加密数字权益证明，需要能够对应现实世界的各种权益证明，比如债券、票据、合同、证书、证券等。第二，具备股权属性，可以增值、分红、收息，有长期收益。第三，具备货币属性，要能流通，至少能够在各种虚拟货币交易所兑换法定货币。退一步说，能够在生态系统内作为硬通货，比如以太币就是以太坊公共区块链上的硬通货。以太坊公共区块链每时每刻都有新项目在发行，都能产生以太币的需求。

按照这个标准，比特币、以太币、泰达币都只属于第三种虚拟币。第一种和第二种虚拟币在全世界都还是空白。香港特区政府正在努力填补这一空白。

香港特区政府在 2021 年 10 月 31 日发布了《有关虚拟资产在港发展的政策宣言》。香港特区政府采取"相同业务、相同风险、相同规则"的原则，制定了一整套虚拟资产监管框架。根据这个监管框架，虚拟货币可以分为证券型代币和非证券型代币两类。证券型代币指具有证券性质的虚拟货币，例如股权代币、债权代币、基金代币等；非证券型代币指不具有证券性质的虚拟货币，例如比特币、以太币、泰达币等。

目前，香港特区政府只允许交易比特币、以太币、泰达币。这是因为这些代币已经有较高的市场认可度和流动性，并且不涉及复杂的权益或债务关系。其他山寨币、空气币、传销币等可能存在更高的风险和不确定性，因此香港特区政府和监管机构会对这些代币进行审核和评估，以确定它们是否符合监管要求，以及是否适合在香港市场交易。

对代币的监管要求主要通过交易所来执行。持牌虚拟资产服务提供商除需要符合打击洗钱和恐怖分子资金筹集的要求外，还应该拥有充分的能力和知识以妥善经营虚拟资产业务，减低因系统故障、保安漏洞或市场操控对投资者造成的风险。持牌人必须建立一套系统的合规制度和体系，并对其投入相应的资源，包括人力和硬件。我会在后面讲交易所的时候详细解释。

4.3 未来比特币还能投资吗?

比特币价格目前处于低迷期，市场信心明显不足。下面我用数据说话，看到底比特币还有没有投资价值。

· 2013 年，比特币第一次崩盘，价格从 230 美元跌到 68.4 美元，跌幅 70.3%。

· 2014 年，比特币第二次崩盘，价格从 1145 美元跌到 183 美元，跌幅 84%。

· 2018 年，比特币第三次崩盘，价格从 19187 美元跌到 3282 美元，跌幅 82.9%。

· 2022 年，比特币第四次崩盘，价格从 67526 美元跌到 15766 美元，跌幅 76.7%。

认真观察图 4.3.1 右下角那个比特币最近的价格走势，你会发现前面那三次百分之七八十的跌幅在图上已经变得很平缓，甚至微不足道了。

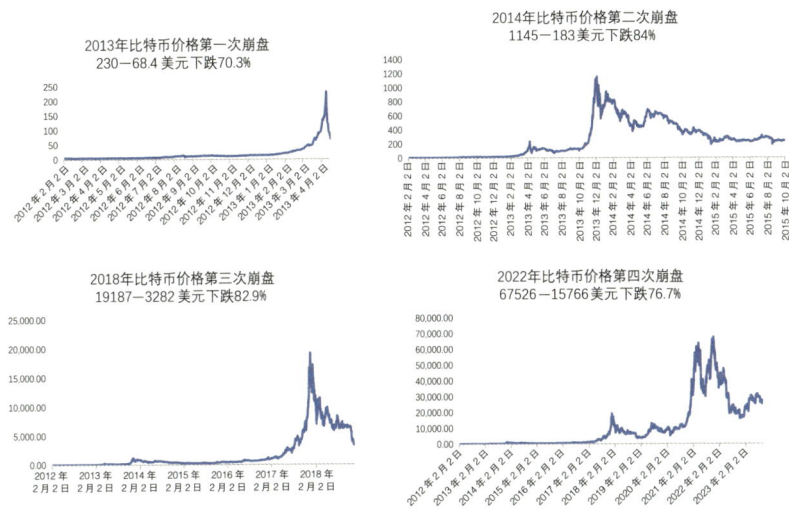

2013年比特币价格第一次崩盘
230—68.4 美元下跌70.3%

2014年比特币价格第二次崩盘
1145—183 美元下跌84%

2018年比特币价格第三次崩盘
19187—3282 美元下跌82.9%

2022年比特币价格第四次崩盘
67526—15766 美元下跌76.7%

图 4.3.1　比特币的四次崩盘

很多想要投资区块链的人问我："现在投资区块链是不是晚了？"我认为，从区块链的普及程度看，现在还是区块链比较早期的阶段，因为很多人并不了解区块链。我再强调一次，比特币不等于区块链，它只是区块链的一个应用。也许等比特币市值只占加密货币市值的1%时，才是这个市场成熟的时候。当然，这不是说比特币价格会一路下跌，而是说区块链市场整体的成长性很高。图 4.3.2 展示了各种加密货币的市占率百分比。其中最上面一条线就是比特币的市占率变化，它已经在持续下降，目前还占 42%。所以，我认为这个市场还很初级，区块链技术的应用才刚起步。

市占率

显示了比特币相较于其他前10名加密货币的市占率百分比。

图 4.3.2　比特币的市占率 [1]

比特币在暗网的作用无可取代

让暗网走进公众视野的事件是 2011 年"丝绸之路"网站的诞生。罗斯·乌布利希通过自学编程搭建了一个电商网站，他自己成了第一个入驻的商家，把自己和女朋友种的致幻蘑菇放在上面挂牌出售，结果没几天就有顾客上门。很快，不断有毒贩慕名而来，入驻这个神秘商城，买家们也纷沓而至。"丝绸之路"成了邪恶版"淘宝"。很快，除了毒品之外的业务也拓展开来，"丝绸之

---

[1]　https://www.coingecko.com/zh/global-charts

路"的注册用户迅速超过了 100 万，商品超过 1 万种，其中 70%
是毒品，还有枪支、弹药、假钞、假护照、假驾驶证和盗用的信
用卡信息，甚至还有 10 多个国家的杀手。

比特币发明的初衷是创造一种永不通缩的货币。它的技术特
征能躲避各国政府监管，具有匿名性、跨境流通便利等特征。这
些特征与暗网天然耦合，双方一拍即合。毕竟它们都不受政府监
管，且使用时必须匿名，这让暗网成为跨国违法犯罪交易的温床。
因此，比特币也被称为"暗网美元"。暗网交易常用的加密货币
中，比特币的接受率高达 100%，如表 4.3.1 所示。维基百科资料
显示，"丝绸之路"曾流通超过 950 万枚比特币，价格高达 12 亿
美元，占据当时比特币流通量的 80%。据估计，美国联邦调查局

表 4.3.1　暗网交易常用加密货币及其接受率

加密货币名称	接受率
比特币（Bitcoin）	100%
莱特币（Litecoin）	30%
达世币（Dash）	20%
比特币现金（Bitcoin Cash）	13%
以太币（Ethereum）	9%
门罗币（Monero）	6%

在"丝绸之路"缴获的比特币总数超过 174000 枚。大约有 144000 枚比特币是从"丝绸之路"网站的搭建者罗斯·乌布利希的电脑中缴获的，其余的则从"丝绸之路"的各个钱包中缴获。

据统计，美国每天有 83 万名用户使用暗网进行毒品交易、伪造文件、买卖用户数据；

俄罗斯每天有 27 万名用户利用暗网进行漏洞工具包、数据转储、恶意软件交易；

德国每天有 17 万名用户利用暗网购买和销售僵尸网络、信用卡和借记卡信息以及伪造文件；

荷兰每天有 16 万名用户在暗网上交易毒品、假冒物品和枪支等。

关于暗网主要国家用户占比，如图 4.3.3 所示。

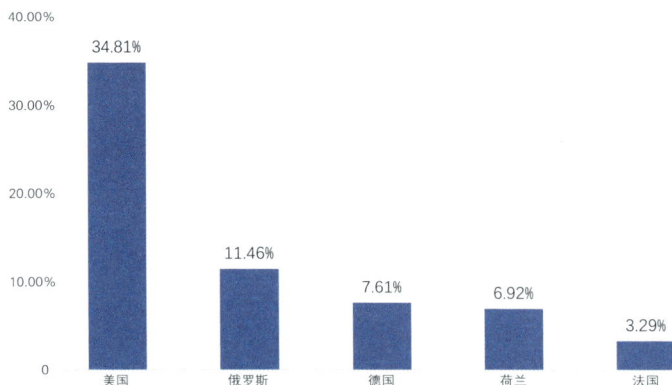

图 4.3.3　暗网主要国家用户占比

比特币的洗钱功能得到全球地下产业认可

2022 年网络犯罪洗钱金额规模呈爆发式增长。非法加密货币钱包地址在 2022 年发送了价值近 238 亿美元的加密货币，约比 2021 年增长了 68%，如图 4.3.4 所示。

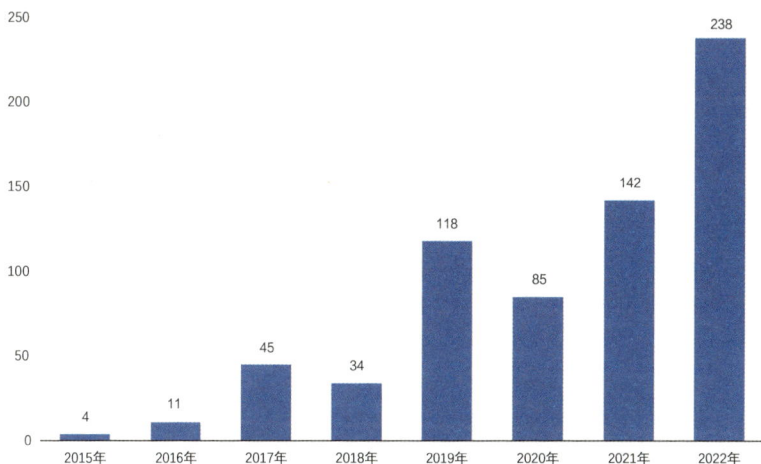

图 4.3.4　2015—2022 年加密货币洗钱总额（单位：亿美元）

比特币本身就在灰色地带具有极高的应用价值，香港发展 Web3.0 不仅不会让比特币价格下跌，反而因为增加了比特币的合法应用范围，有可能让比特币价格得到提升。

05

让数码港元具备
稳定币功能

5.1 什么是稳定币？

稳定币的定义与作用

稳定币是一种特殊的虚拟币，它的价值锚定某种标的物（通常是法定货币），比如 USDT（泰达币）锚定的就是美元，1 枚 USDT 理论上可以兑换 1 美元。稳定币可以在区块链上进行快速交易，也可以作为其他加密货币的兑换媒介或者避险工具。

简单理解就是，可以把比特币等虚拟币当作市场上的商品，而把稳定币当作口袋里的钱，你可以通过它来购买商品，也就是虚拟币。比如我出售 1 枚比特币，买方付给我 26000 枚 USDT，这 26000 枚 USDT 我可以随时兑换成 26000 美元。所以，可以说稳定币就是比特币等虚拟货币换成真钱的渠道，方便用户在不同的交易所和平台之间进行资金的转移和兑换。例如，我可以通过美元购买 USDT，存在我的区块链钱包里，然后我就可以使用这些 USDT 在不同的交易所，比如币安、火币或者香港的持牌交易所，购买其他的虚拟资产——比特币、以太币等；或者将 USDT 兑换回美元。这样可以避免法定货币在不同交易所、不同地区的限制和风险，也可以节省手续费和时间。

同时，稳定币也提供了一种稳定的价值储存和交换媒介，降低用户在虚拟货币交易中面临的价格波动和风险。还是以 USDT 为例，锚定美元的 USDT 的价值相比其他商品性质的虚拟币更具有稳定性，比如比特币，从最高近 69000 美元一枚，跌到如今只有 26000 美元[①]一枚。在面对这种价格下跌时，我可以将手里的比特币兑换成 USDT 稳定币，以保护我的资产价值，然后在比特币价格上涨时，将 USDT 兑换成比特币，以获取更高的收益。

目前，大部分公司不愿意接受虚拟币支付，原因还是币价波动太大，他们不愿意冒险。因此，只有稳定币才能够走进日常生活，而权威的稳定币就更显重要了。

稳定币的类型

根据稳定币的锚定物和发行机制不同，可将其分为三种类型：

[①] 截至北京时间 2023 年 9 月 3 日的比特币价格。

法定货币抵押型稳定币：这种稳定币是由中心化的机构或者公司发行，它们以法定货币（通常是美元）作为抵押物，在银行账户中存入相应数量的法定货币，然后在链上发行与法定货币1∶1锚定的代币。这种稳定币的优点是价格稳定性高，缺点是需要信任发行方，链下清算的效率低。目前，最知名的法定货币抵押型稳定币是 USDT 泰达币，与美元1∶1挂钩。其他类似的稳定币还有 USDC（USD Coin）、TUSD（TrueUSD）等。这种稳定币就像一张银行支票，你可以用美元买到一张等值的支票，然后用这张支票在一家提供虚拟资产交易的店里买卖其他的虚拟资产，你又可以随时兑换回美元。

加密货币抵押型稳定币：这种稳定币是由去中心化的协议或者组织发行，它们以加密货币（如以太坊、比特币等）作为抵押物，在链上进行超额抵押，然后发行与法定货币锚定的代币。这种稳定币的优点是去中心化程度高、透明度高、清算效率高，缺点是价格稳定性低，面临加密货币波动和黑客攻击的风险，以及超额抵押牺牲资金使用效率。目前最知名的加密货币抵押型稳定币是 DAI（Dai price），它由 MakerDAO 协议发行，与美元挂钩。

这种稳定币就像一种抵押贷款，你可以用以太坊等虚拟币作为抵押物，在网上借到一些与美元等值的代币，然后用这些代币买卖其他的虚拟资产。这种稳定币的好处是没有中心化的机构控制，公开透明，交易快速；坏处是价格会受到抵押物的波动影响，而且要付出比较高的利息。

算法型稳定币：这种稳定币是由智能合约或者算法控制发行的，它们没有任何抵押物，而是通过调节代币的供需来维持与法定货币锚定的价格。这种稳定币的优点是无需信任任何一方，无需任何资产支撑，缺点是受到市场信心和投机操作的影响。目前最知名的算法型稳定币是 AMPL，它由 Ampleforth 协议发行，与美元挂钩，价格下跌时算法就自动缩减总量，抬升价格；反之则增加发行量，降低价格。一切的目的是使其与美元保持一致。

但是目前仅靠算法是无法保证币价稳定的，因为价格会受到市场情绪和投机操作等非理性因素的影响，一旦出现恐慌，没有任何资产做支撑的算法稳定币很容易崩盘，很难实现真正的稳定，LUNA 币"爆雷"就是这个原因。

5.2 稳定币并不稳定

法定货币抵押型稳定币也有风险

目前规模最大的稳定币是泰达币（USDT），全球一半以上的比特币都通过它交易。泰达币公司 Tether 承诺，每发行 1 个稳定币，其背后都有 1 美元的资产储备，但是没人知道它是不是真的有足够的美元资产。如果你真的看过该公司的服务条款，就会发现泰达币公司从没有说明 USDT 有兑换美元的法定义务。在 USDT 稳定币服务条款第三条中，Tether 明确规定：

"如果 Tether 为支持 Tether Tokens 而持有的任何储备金出现流动性不足、不可用或损失问题，那么会造成赎回或提取 Tether Tokens 延迟，Tether 有权保留延迟赎回或提取 Tether Tokens 的权利，并且 Tether 也保留通过实物赎回 Tether Tokens 的权利，这些实物包括储备金中持有的证券和其他资产。对于之前通过网站交易的 Tether Tokens 是否可以在未来任何时候被交易（如果有的话），Tether 不会作出任何陈述或保证。"

也就是说，在缺乏流动性、不可用或储备损失的情况下，Tether 可能会延迟任何索赔。但问题是，如果真的像他们声称的 USDT 背后有 1:1 数量的美元作为储备金支持，那么为什么又要延迟任何索赔呢？

因为 Tether 声称，USDT 的"估值"与美元 1:1 锚定（注意：是估值），但并非完全由法定货币支持，而且其服务条款中还写道："用于支持 Tether 稳定币的储备金组成将由 Tether 自行控制并酌情决定。"

另外需要注意的是，只有"经过验证的 Tether 客户"才有资格直接向 Tether 发起稳定币赎回。这个认证客户的行为就很有趣了，如果任何一家银行规定，只有认证客户才可以取钱，那你还会在这家银行存钱吗？

2019 年，纽约州检察院开始对泰达币母公司 Tether 进行调查。纽约检察长办公室（OAG）调查报告显示，加密货币交易平台 Bitfinex 和 Tether 在 USDT 的问题上误导了市场。纽约检察长办公室查到几次 Tether 没有足够的美元支撑已在流通中的 USDT。也就是说，USDT 的储备资产有问题，该公司只有约 3% 的抵押物是现金，如图 5.2.1 所示，而 Tether 在这个问题上出现了误导性陈述。

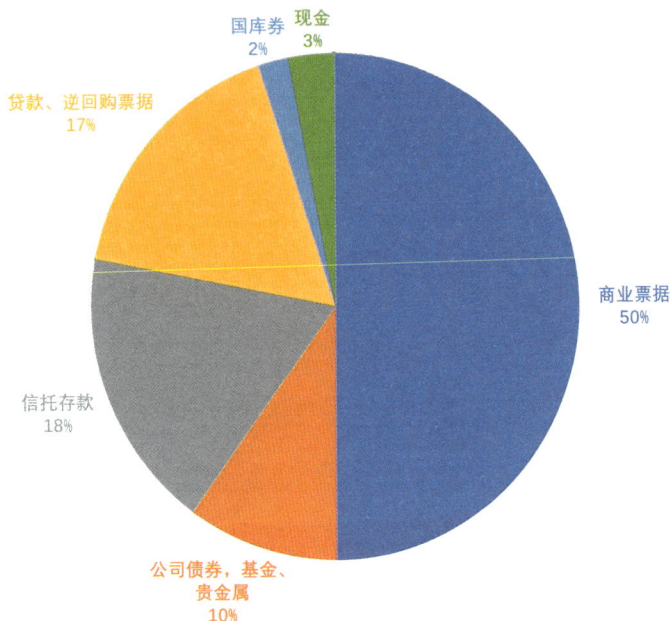

国库券 2%

现金 3%

贷款、逆回购票据 17%

商业票据 50%

信托存款 18%

公司债券，基金、贵金属 10%

图 5.2.1　USDT 各类抵押物占比

　　早期 Tether 对外声称，其对外发布每一枚 USDT 时都会往银行里存一美元作为支撑。但是在 2019 年纽约州检察院的调查开始之后，Tether 把 USDT 背后支撑财产的说法从"现金"改为"现金或其他类似于现金的资产"。

　　由于 Tether 从未对外发布过真正意义上的审计报告，于是引起外界对 USDT 背后资产的怀疑，甚至有人怀疑 Tether 在凭空发行 USDT，以此来拉高比特币价格。比如在 2020 年初，市面上还只有 42 亿美元的 USDT，但在短短一年多的时间里，Tether 就增发了 320 亿美元的 USDT，如图 5.2.2 所示。

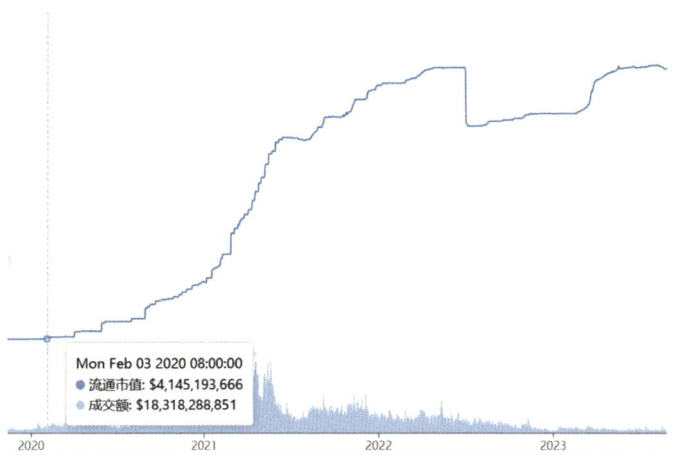

图 5.2.2　USDT 流通市值趋势[①]（自 2020 年 1 月起）

2021 年 2 月，在长达两年的诉讼和调查后，Tether、Bitfinex 两家姊妹公司与纽约检察长办公室达成和解。根据和解协议，Tether 和 Bitfinex 同意支付 1850 万美元的罚款。他们还同意停止与纽约州居民和实体进行业务往来（简单地说就是你可以骗其他人，但不能在纽约州行骗），并在未来两年内定期向纽约州总检察长提交报告，披露他们的储备资产和财务状况。

和解协议还要求 Tether 公开其储备资产的构成，并承认其在

---

① https://coinmarketcap.com/zh/currencies/tether/

2017 年 11 月至 2019 年 3 月期间没有足够的法定货币储备来支持其发行的 USDT。

虽然 1850 万美元的罚款对 Tether 公司来说不过是毛毛雨，但颇有种"破财消灾"的意味。不论怎么说，这次调查足以说明即使作为市值最大的稳定币，其监管漏洞依旧严重，USDT 背后的资产存储中也确实存在相当大的风险。

此外，美联储在对 USDT 发布的评估报告中也说道：泰达币的支持资产可能会在压力下贬值或变得缺乏流动性，从而导致挤兑风险，而缺乏透明度可能会加剧这些风险。

USDT 的服务条款中保留了"实物返还"的权利，这意味着即便你用美元购买 USDT，但其依然可以向你返还债券、股票或"储备金中持有的其他资产"。

此外，第二大稳定币——USDC 的赎回条款更苛刻：

服务条款第 1 条就明确指出，公司不承诺持有与 USDC 等量的法定货币储备金，而是用等量的美元计价资产来支持他们的稳定币。

服务条款第 13 条中甚至明确写道：不保证 1 USDC 的价值始终等于 1 美元。

不论从哪方面来看，即使是锚定法定货币的稳定币的风险都不小。

曾经的第三大稳定币——LUNA 币崩盘

2022 年 5 月 9 日，数字货币 LUNA 暴跌引发了币圈大地震。LUNA 币从 90 美元一枚一路下跌，直接跌穿小数点后 5 个 0，彻底沦为了垃圾，如图 5.2.3 所示。

Terra（LUNA）崩盘

2月22日—5月22日三个月期间每日收盘价，单位：美元
来源：CoinMarketCap

BBC

图 5.2.3　2022 年 LUNA 币价格走势 [1]

LUNA 币是没有真实美元做支撑的算法稳定币。LUNA 币的创始人——韩国人 Do Kwon 认为，如果继续走 USDT 或者 USDC

---

[1]　https://www.bbc.com/zhongwen/simp/business−61565393

这样用实物资产作为担保的稳定币路线，一方面财力拼不过它们；另一方面，大家并不需要一个新的产品。既然这条路走不通，那就直接搞一个不需要担保的稳定币。LUNA 币就这样横空出世了。

LUNA 币的原理其实并不复杂：先发行一种叫 UST 的稳定币，1 个 UST 可以兑换 1 美元；然后发行一种数字货币 LUNA，可以被理解为黄金。而 Terra 生态就是利用 LUNA 这个黄金来实现美元的稳定。

具体是怎么做的呢？他发明了一套双向销毁机制，并且在此基础之上制定了三个规则：第一，恒定 1 美元 LUNA 等于 1 个 UST；第二，任何人都可以将 UST 换成 1 美元 LUNA，或者将 LUNA 换成 1 美元 UST；第三，UST 只能由 LUNA 兑换产生，不会凭空出现。

按照其运行机制，当 UST 市场需求增加、价格高于 1 美元时，用户可以向系统发送 1 美元的 LUNA，然后该算法将此 LUNA 转换为 UST。随着更多 UST 被添加到系统中，UST 的价格回落至 1 美元。

相反，当 UST 需求降低、价格跌到 1 美元以下时，用户就可以向系统发送 UST（UST 被燃烧），换取 1 美元的 LUNA（LUNA 被铸造），以此降低 UST 的市场供给，从而增加 UST 的价值，恢复

UST 与美元的锚定关系。

简单地说就是，你钱包里的资产金额不变，如果币价升高了，那么就往钱包里注水加币，这样币价自然下跌；如果币价降低了，那么就抽水减币造成通缩，拉升币价。这是一个"左脚踩右脚升天"的模式，其最核心目的就是保持 UST 能够 1:1 锚定住美元，不能脱钩。

制度设计好了，如何创造市场对 UST 的需求呢？毕竟 UST 只是一种稳定币，投资者已经有其他稳定币如 USDT、USDC，大家为什么要用 UST 当作中介来买币呢？况且 UST 还没有真实美元资产支撑。

为创造 UST 的市场需求，创始人 Do Kwon 又干了一件事。他创立了一个叫 Anchor 的协议，你可以理解为 UST 的定期存款合同，只要存了这个定期，一年就给你 20% 的利息。在这么高的利息诱惑下，自然不少人都想买入 UST 并且存进去。在大家脑海里，定期存款能有什么风险呢？于是，市场对 UST 的需求就产生了。要得到 UST，必须买 LUNA 币来兑换，于是越来越多的人买 LUNA 来铸造 UST，LUNA 币价格一路暴涨，价值翻了百倍，UST 也成为仅次于 USDT 和 USDC 的第三大稳定币。仔细想想，这不就是庞氏骗局吗？只不过每个人都会觉得只要这个泡沫没炸，提前拿着 20% 的利息全身而退就可以了。只可惜，这一次他们没想到 LUNA 崩盘之快，根本没有退出的机会，本金直接灰飞烟灭。

UST 和 LUNA 可以相互交换，以保证 UST 的 1 美元定价。但假如 UST 长期低于 1 美元，又会发生什么呢? 比如说 UST 的价格在 0.9 美元，那么根据规则，就应该拿 UST 换 1 美元 LUNA，然后卖掉这个 LUNA 换来 1 美元; 而 UST 因为存量变少了，价格也应该逐渐回升到 1 美元，形成新的平衡。但是如果 UST 价格没有回升，依旧是 0.9 美元，那么大家就会不断地将 UST 换成 LUNA 并且卖掉。既然 LUNA 一直在卖出，那么它的价格大概率会下跌。但是要注意，UST 换 LUNA 并不是一个 UST 换一个 LUNA，而是一个 UST 换 1 美元的 LUNA。只要 UST 价格不回到 1 美元，就会有人不断地将 UST 换成 LUNA 抛售，导致 LUNA 价格不断下跌。而 LUNA 价格越下跌，能卖的数量会因为这个机制反而变得越多，导致 LUNA 价格进一步下跌。在这种机制下，LUNA 币价格迅速归零。

5.3 美国——让稳定币和美元挂钩

稳定币虽然声称与某种资产挂钩，但其实很难保证其真实性和透明性。一些稳定币发行者可能会通过虚假宣传、超发或少备等手段来操纵市场或牟取利益。就像上述的 LUNA 币崩盘，这种剧烈的价格波动不仅损害了投资者的利益，也对整个加密货币市场造成了冲击和恐慌。因此，美国政府想要通过强化监管和审查来避免类似的金融风险和市场混乱。

LUNA 币崩盘后，美国政府有机会出手干预稳定币。2023 年 4 月，美国国会出台《稳定币立法草案》。该草案对不同类型的稳定币作出了区别对待，根据其是否与美元或其他法定货币挂钩、是否有足够的储备资产支撑、是否由算法或其他机制调节供需等因素，将稳定币分为四类：

1. 美元挂钩型稳定币，即与美元 1:1 锚定，并以 100% 的美元、美联储发行的流通票据或美国国债作为储备资产的稳定币。

2. 其他法定货币挂钩型稳定币，即与其他国家或地区的法定货币锚定，并由相应的储备资产支撑的稳定币。

3. 内源性抵押型稳定币，即没有任何外部资产支撑，而是由同一发行人发行的其他虚拟货币作为价值支撑的稳定币。

4. 其他类型稳定币，即不属于以上三类中的任何一类稳定币。

该草案规定，只有美元挂钩型稳定币才能被合法发行和使用，而其他类型的稳定币则被禁止或限制。具体来说，其他法定货币挂钩型稳定币只能在特殊情况下经过美国财政部批准后发行；内源性抵押型稳定币则被视为非法金融活动，任何人不得发行、持有、交易或使用；其他类型稳定币则需经过美国财政部的评估和许可，才能在有限的范围内发行和使用。

该草案还规定，任何想要发行美元挂钩型稳定币的实体，必须向美国财政部申请，并在获得批准后，按照相关法律和规则进行运营。这些法律和规则包括：

1. 必须是联邦存款保险公司（FDIC）认可的银行或信托公司，或者是由美国财政部特别授权的其他机构。

2. 必须以 100% 的美元、美联储发行的流通票据或美国国债为储备资产，并将其存放在联邦储备银行或其他安全的地方。

3. 必须随时以 1∶1 的比例兑换、赎回或回购稳定币，并保证稳定币的流动性和可用性。

4.必须遵守联邦银行法律、反洗钱法律、消费者保护法律和其他相关法律，并接受美国财政部、联邦储备委员会、证券交易委员会（SEC）和商品期货交易委员会（CFTC）等机构的监督和执法。

5.必须定期向美国财政部提交报告，披露其稳定币的发行量、储备资产的构成、风险管理措施等信息，并接受审计和检查。

该草案还规定了违反该法案的罚则，包括最高5年的监禁和100万美元的罚款。此外，该草案还授权美国财政部采取紧急措施，以防止或缓解任何可能对金融稳定或公共利益造成重大危害的稳定币活动。

很明显，1∶1的资产储备是为了保护消费者，但是100%的美元储备则是为了维护美元的霸权地位。

稳定币作为一种新兴的虚拟资产交易媒介，极有可能对传统的金融体系和法定货币构成竞争和威胁。如果稳定币不受监管和控制，可能会影响美元在全球金融市场中的需求，削弱美元作为世界储备货币和结算货币的地位。因此，美国想要通过强制要求所有稳定币都与美元挂钩，并且以100%的美元或美元资产作为储备金来支撑其价值，以确保稳定币不会对美元造成贬值压力。

作为一直享有美元霸权地位的美国，自然不会放过每一个可能对美元造成威胁的领域。在当前的稳定币市场，锚定美元的稳定币占据了稳定币市场的主流。其中，美元稳定币 USDT 市值在 2023 年 8 月 23 日达到 828.15 亿美元，在稳定币市场中占据 66.62% 的市场份额，[①] 位列第一。Circle 首席执行官报告称，USDC70% 的需求来自美国以外的地区，尤其是新兴经济体。在外国政府寻求与美元脱钩之际，这种需求可能会确保美元的霸权地位。

5.4 香港——直接提供在区块链上运行的稳定币

除了前文说到的几种常规类型的稳定币，其实还有另外一种稳定币越来越受到大家关注——央行数字货币（CBDC）。与一般的稳定币不同，央行数字货币是由各国各地区央行发行的，因此不需要与银行账户的法定货币挂钩——因为央行数字货币本身就是政府认可的法定货币，可用于个人间大额零售支付以及银行间批发支付。

---

① https://www.chinataihui.com.cn/bian/QWK5EN1Z0QDl6wr.html

2023 年 5 月 18 日，香港金管局宣布启动"数码港元"先导计划，数码港元就是港元现金的数码版，是真正的法定货币，如图 5.4.1 所示。

图 5.4.1 香港金管局关于数码港元功能的推文 [①]

[①] https://twitter.com/hkmagovhk?t=E4PAHfs3V3dqJAbgffKmag&s=09。推文的主要内容是，正在进行试点的数码港元计划探索了 6 个类型的应用，包含第三代互联网结算、资产代币化、存款贷币化等。

"万事达信用卡"公司正在探索数码港元在第三代互联网平台上进行跨链交易的方法。

数码港元具备六大功能，前三大功能类似于数字人民币：

1. 全面支付——日常支付、可控匿名。

2. 可编程支付——政府精准发放资助、预缴服务等。

3. 离线支付——无网络、无银行账户也能支付。

而其他三部分功能，让数码港元有了代替稳定币的可能：

4. 代币化存款——这是全新的功能，指银行发行的、运行在区块链上的数字存款，可以 24 小时不间断地交易（转账）。

5. 代币化资产结算——这也是从未尝试过的功能，尝试把房地产等固定资产进行代币化。

6. Web3.0 交易结算——是指让数码港元在不同的区块链平台上交易。

Web3.0 交易结算功能让数码港元在不同的区块链平台上交易。很明显，这一目的是部分取代目前的稳定币。目前的稳定币只能在特定的区块链上交易，数码港元想要比稳定币更进一步，实现更强大的跨链交易功能，这也让传统区块链用户对数码港元产生新的需求。

5.5 呼吁数码港元成为稳定币

香港立法会议员吴杰庄说，稳定币究竟是私人做政府监管，还是政府用自己的资源来发行稳定币再应用于市场，其实目前都还没有定案。我们咨询完意见，参考了市场，才有可能在 2023 年年底或 2024 年进行稳定币的相关立法。

我们的建议是，香港特区政府自己做。原因很简单，一旦虚拟资产市场出现了巨大风险，危及香港的金融稳定，则香港特区政府必须来救，就像 1998 年的香港特区政府和 2008 年的美国政府一样。既然如此，发币权为什么要分给私人机构呢？给私人机构做的后果就是：风险给政府，利润给私人，这是由资本的逐利性决定的，几乎无法避免。

美国政府已经通过法律草案，让虚拟资产和美元硬挂钩了，香港特区政府没理由为他人作嫁衣裳。而且香港具有引领这场革命的独特优势，包括 4300 亿美元的外汇储备、城市型经济体转型调整迅速、金融在经济中占主导地位、内地对香港的潜在无条件支持等。

如果香港特区政府能够让港元稳定币和虚拟资产挂钩，那么港币成为国际货币的潜力将大幅上升。香港本土的数百万亿资产将成为港元稳定币的坚实支撑，香港因此获得的收益是无限大的。

稳定币是公认的加密货币"圣杯"，因为稳定币可以在不同的交易平台或钱包之间进行转账或提现，可以用来购买所有虚拟资产，市场对主权稳定币的需求非常强烈，所以我强烈建议香港特区政府自己发行港元稳定币。

华尔街投行伯恩思坦（Bernstein）在 2023 年 8 月 9 日表示，预计未来 5 年内稳定币市场将从目前的 1250 亿美元增至 2.8 万亿美元。香港的 Web3.0 战略目前已经走在世界的前列，如果数码港元能够成为虚拟资产的价格之锚，那么香港未来可以摆脱美元，像美联储一样向全球征收铸币税，在虚拟资产市场和元宇宙的发展中占据主导地位。

06

用数码港元支撑香港联盟链

6.1 传统区块链的问题

传统区块链技术无法将实体资产,比如房产、黄金等与数字资产进行有效的对应和转换,只能在数字领域内实现数据的交换和验证。这就导致区块链技术的应用范围受到了极大的限制,只能囿于数字世界,而无法解决现实世界中存在的各种问题,比如信任缺失、交易成本高、效率低下等。如果虚拟币只能在区块链网络内部进行流通和投机,这本质上就是一个空对空的游戏,无法产生实际价值。

区块链技术要落地,就要联系实体资产上链。其中最关键的一环是如何保证上链资产的真实性。在传统区块链框架下,这一任务是无法完成的,必须借助线下的中心化机构。

要想将实体资产与数字资产进行对应和转换,就需要有一个可信的机制来证明实体资产的存在和属性,并将其记录在区块链上,也就是资产上链。但是在传统区块链框架下,这个机制很难实现,因为区块链本身是去中心化的,没有一个权威的第三方来验证和监督资产上链的过程。因此，必须借助线下的政府、银行等中心化机构来提供资产上链的服务，为上链资产背书，保证上链资产的真实性。借助线下中心化机构保证上链资产的真实性，就要引入另一种类型的区块链——联盟链。

6.2 联盟链的价值

什么是联盟链？

在讨论联盟链前，我们首先要搞清楚什么是公有链和私有链。公有链是完全开放的，所有人都可以参与其中，其在网络中也不存在任何中心化的服务端节点，是一种任何人都可以加入和退出的区块链网络。任何人都可以读取公有链上的数据并进行交易，最典型的代表就是比特币。

比特币逐渐热门以后，越来越多的人开始蹭比特币的热度。尤其是 2013 年 3 月，比特币价格达到第一个顶点 230 美元，年底则达到 1100 多美元。这时候诞生了很多声称能改变比特币缺点的虚拟货币，比如莱特币，它产生区块的速度比比特币快 4

倍；达士币，利用了环形签名技术实现更高的匿名性。同时也产生了很多试图改造比特币的应用——比如 colored coin、Mastercoin 等。colored coin 试图在比特币区块上处理比特币以外的资产，Mastercoin 则在比特币区块链上发行独立货币。不管怎样，公有链的特点是完全去中心化，没有任何机构或个人可以控制或审查网络中的数据和交易，只要取得大多数人的共识就可以运行。

把公有链拿到公司内部使用，再给它设置进入许可，这就是私有链。私有链的各个节点的写入权限都被严格控制，而读取权限则根据公司内部的需求，可以有选择性地对外开放，所以私有链更适合机构内部使用。

私有链的存在也有其必要性：第一，公有链任何人都可以读取，有安全隐患，企业在选择区块链方案时，会更倾向于选择私有链技术。第二，公有链必须有代币（token）激励才能吸引人参与，否则没人愿意浪费硬盘空间主动去记录无聊的账本，私有链可以不用设置代币激励。

联盟链就是介于私有链和公有链之间的区块链网络！

联盟链就是，区块链上的节点由多个机构或组织共同管理，数据只允许系统内的机构进行读写和发送。联盟链的优点是，既保留了一定程度的去中心化，又提高了交易效率，还增加了一定的匿名性，如表 6.2.1 所示。

表 6.2.1 公有链、联盟链、私有链的区别

	公有链	联盟链	私有链
参与者	任何人	联盟成员	链的所有者
共识机制	工作证明/权益证明	分布式一致性算法	共识算法
记账人	所有参与者	联盟成员协商	链的所有者
激励机制	需要	可选	无
中心化程度	去中心化	弱中心化	强中心化
特点	信用的自创建	效率和成本优势	安全性高、效率高
承载能力	<100笔/秒	<10万笔/秒	视配置决定
典型场景	加密货币	供应链金融、银行、物流、电商	大型组织、机构
代表项目	比特币、以太坊	R3、Hyperledger	

2014 年，R3 公司联合巴克莱银行、瑞士信贷、高盛、JP 摩根、澳大利亚联邦银行、苏格兰皇家银行、毕尔巴鄂比斯开银行、道富银行和瑞银集团组建了 R3 金融区块链联盟。其本质就是联盟链，2016 年 5 月，中国平安宣布加入 R3 区块链联盟，随后，招商银行、中国外汇交易中心等多个中国公司分别加入 R3 区块链联盟。后来有高盛、JP 摩根等成员退出，并在开发理念上有所变化。最终能否真正成为改变金融世界的势力还有待观察。

2015 年，Linux 基金创立了超级账本（Hyperledger）联盟链，吸引了 280 多个会员单位，包括华为、百度、IBM、英特尔、思科、德意志银行、日立等各行各业的公司。这个联盟的目的是，把区块链技术应用到供应链管理、数字版权、食药溯源甚至是司法记录等各个方面。

通过联盟链才能让资产上链

目前的虚拟货币世界与现实基本是强分割的，比特币也好，以太坊也罢，它们只是在区块链网络中流通的数据，与现实资产并不挂钩。现实资产也无法在区块链里高效流通。那怎么办呢？就像一开始所说的，必须借助线下的中心化机构——比如政府、银行等来提供资产上链的服务，为上链资产背书，保证上链资产的真实性，让现实资产能在区块链网络中流通。这是从 0 到 1 必不可少的一步。

把房地产、黄金等固定资产变成区块链上的代币，用香港特区政府的话说就是代币化资产。代币化资产的目的是打破加密世界与现实世界的隔阂。举个例子，香港的商铺售价通常要数千万港币，老百姓根本投资不起，但是代币化资产可以有效地解决这一问题。

商铺所有者可以把自己价值 2000 万港币的商铺分成 2000 万份代币，在区块链上出售，既没有房产中介赚差价，还可以部分出售，灵活多变。

小投资人可以直接购买相应的代币份额，商铺的租金每月按比例返还到自己账户。这样小投资人也可以享受投资商铺的回报。

代币可以在区块链上自由交易，价格随行就市。如果有投资人累计购买了 2000 万份代币，他可以选择把商铺重新私有化，并注销相应的代币。

通过上述方式，你会发现商铺代币化理论上是可行的，但其中有个关键，就是一开始说到的，谁能保证上传商铺信息的人真的拥有这个商铺呢？只有线下的中心才可以保证上链资产的真实性！

所以最后还是必须出银行、政府这样的中心化机构来对资产背书，保证上链资产的可信度，这些中心化机构联合做的区块链就叫联盟链。

我认为这是区块链技术和现实世界优势互补的必然结果，也是我一直以来强调的——联盟链才是区块链的未来。

联盟链的优势

第一，确保上链信息正确。 前面已经说过了，联盟链里的各个节点是线下的中心化机构，他们背书的资产天然具有高可信度：比如政府上传的结婚信息，大家都会相信它是正确的；银行出具的信用报告、存款证明大家也愿意相信是真的；医院上传的个人健康信息也天然具有高可信度；供电局上传的用电证明更能说明工厂的真实用电量。

第二，纠正非法行为。 2019 年，币安被盗了 7000 个比特币，犯罪分子把这些币拆分成无数小的单位，想尽办法倒来倒去也出不掉。为什么？因为币安凭借自己在币圈的地位（截至 2022 年底，92% 的比特币在币安交易），它告诉其他交易平台哪些币被盗了。这些币进入任何一家交易所都会被直接冻结。

这些交易所就是虚拟货币世界的中心单位，很多人的私钥就存在交易所提供的账户里，因为他们相信交易所不会跑路，不会侵吞他们的财产，这就是中心化的好处。香港 2023 年 8 月批准的两个交易所 HashKey 和 OSL 也是中心化的交易机构。

第三，提高运行效率。 区块链是用无数个账本创造难以更改的信用，一半以上账本确认才算交易有效，这肯定会造成记账效率下降。比如用比特币买一杯咖啡需要消耗 20 美元的电，等 1 小时收款方才能确认咖啡款到账。2015 年 12 月，闪电网络概念出现后，比特币理论上每秒可以处理几千个交易，交易确认时间也从 1 小时缩短到 1 分钟以下，但是和中心化机构相比效率仍然很低。举个例子，支付宝在双十一期间最高每秒处理 58.3 万笔交易，比特币系统要 23 小时才能处理完支付宝 1 秒钟的交易量。

归根结底，公共区块链有多少节点就有多少中心，一半以上的节点都记录一笔交易后这笔交易才算完成，所以效率必然低。联盟链的节点数量更少，进入门槛更高，但是每个中心节点都有很强的交易处理能力，都可以成为一个类"支付宝"机构，因此可以大幅缩短交易时间，提高效率。

6.3 未来的趋势是联盟链

公有链因为极客们的执着追求，持续提供新思路，社区一直很活跃。但是我们认为，未来能改变我们这个世界的还是联盟链。因为，这个世界是以高度中心化的方式组织起来的。每个中心都拥有巨大的资源调动能力，它们也有意愿投入资源维护自己中心化的地位，某种程度上这是区块链技术和真实世界妥协的必然结果。

第一，国内所有互联网企业都参与了区块链公共服务平台。
这些企业将区块链技术架构嵌入云计算平台提供公共区块链，包括腾讯区块链 T BaaS 平台、阿里云 BaaS 平台、华为云 BCS 平台、百度智能云 BaaS 平台、京东智臻链 BaaS 平台，等等。这些名义上的公共区块链实际上是中心化的，因为区块链在这些公司的云平台上运行，如表 6.3.1 所示。

表 6.3.1　互联网骨干企业区块链应用布局一览

	基础平台	金融	溯源	版权	游戏	公益慈善	数据交易	身份认证	医疗	法律	资讯阅读	供应链
华为	✔	✔		✔			✔	✔				
阿里巴巴	✔	✔	✔			✔			✔	✔		
百度	✔	✔		✔	✔							
腾讯	✔	✔	✔		✔	✔			✔	✔	✔	
京东	✔	✔			✔							
360	✔			✔	✔							
金山云	✔				✔							
网易					✔						✔	✔
小米	✔				✔							

金融企业，尤其是银行，因为受虚拟货币技术的直接冲击最大，所以也都在积极布局区块链产业，无一例外，如表 6.3.2 所示。

表 6.3.2 金融企业区块链落地领域示例

	基础平台	资金管理	供应链金融	贸易融资	支付清算	数字资产			延伸领域				
						ABS	票据	其他	数字存证	溯源	住房租赁	数字发票	电子证照
工商银行	✓	✓	✓	✓		✓	✓		✓	✓			
农业银行			✓										
中国银行		✓				✓	✓						
建设银行		✓	✓								✓		
交通银行						✓							
邮储银行		✓		✓									
招商银行				✓	✓	✓						✓	
平安银行	✓		✓	✓				✓					✓

第二，行业巨头都已经加入了某个联盟链。国外企业及联盟链有 Hyperledger Fabric、R3 Corda、Ripple、企业以太坊 Quorum 等；国内有金链盟 FISCO BCOS（安信、京东、平安银行、招商证券等 25 个成员）、百度超级链 XuperChain、蚂蚁区块链 AnnChain、京东 JD Chain、腾讯 TrustSQL 等也在吸引不同的企业加入。

第三，不能小看政府的力量。大家要知道，政府才是这个世界上最最中心化的组织，现在欧洲、美国等各国政府都在进行区块链领域的研究。中国也不例外，国家信息中心、中国银联、中国移动等单位发起"区块链服务网络发展联盟"，主导区块链服务网络的建设运营，该平台已经于 2020 年 4 月 25 日正式发布并公测。工信部也正在建设面向工业互联网领域的区块链公共服务平台。全球也是如此，政府除了不挖虚拟币，其他的都在尝试，如图 6.3.1 所示。

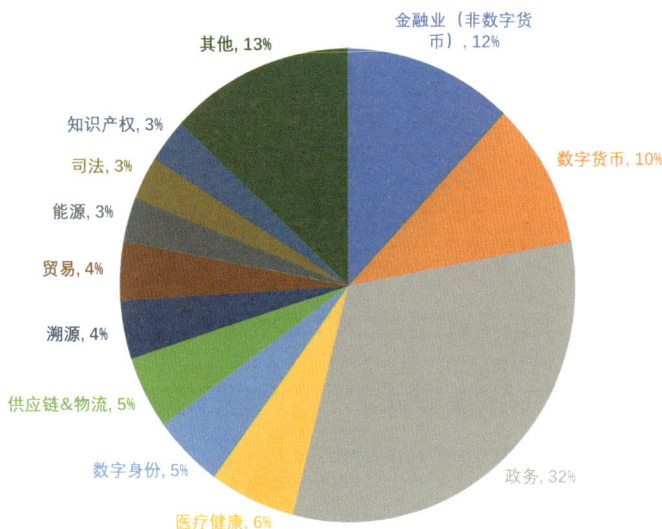

数据来源：中国信通院，2020 年 10 月。

图 6.3.1　各国政府区块链项目类型分布

区块链的应用领域离不开政府推动。尤其是政务区块链、司法区块链等。我们考察发现，目前中国 90% 的区块链应用都是政府和国有企业推动的。司法机构有北京互联网法院的"天平链"、杭州互联网法院的司法区块链、广州互联网法院的"网通法链"、杭州互联网公证处的区块链摇号平台；金融机构有中国平安的平安区块链产销溯源平台、招商银行的区块链跨境创新支付平台；国企有中国雄安集团数字城市科技有限公司的白洋淀水体污染控制与治理科技重大专项区块链资金管理平台；政府部门有国家外汇管理局的跨境业务区块链服务平台、国家税务总局深圳市税务局的区块链电子发票、佛山市禅城区基于区块链的中小企业融资服务平台等。

所以，未来区块链领域"联盟链"将是主流，所有的产业应用都是在联盟链的基础上运行的。这一阶段可能会持续很长时间。

6.4 香港特区政府的创举

2023 年 5 月 18 日，香港金管局宣布启动"数码港元"先导计划，数码港元就是港元现金的数码版，是真正的法定货币。前面说过，数码港元具备六大功能，前三大功能类似于数字人民币，其他三部分功能让数码港元有了代替稳定币的可能，如图 6.4.1 所示。

1. 全面支付——日常支付、可控匿名。

2. 可编程支付——政府精准发放资助、预缴服务等。

3. 离线支付——无网络、无银行账户也能支付。

4. 代币化存款——全新的功能，指银行发行的、运行在区块链上的数字存款，可以 24 小时不间断地交易（转账）。

5. 代币化资产结算——从未尝试过的功能，尝试把房地产等固定资产进行代币化。

6. Web3.0 交易结算——让数码港币在不同的区块链平台上交易。

图 6.4.1　数码港元六大功能

Web3.0 交易结算功能让数码港币在不同的区块链平台上交易，很明显，这一目的是部分取代目前的稳定币。目前的稳定币只能在特定的区块链上交易，数码港币要比稳定币更进一步，实现更强大的跨链交易功能，也让传统区块链用户对数码港元能有新的需求。"数码港元"先导计划共有 16 家来自金融、支付和科技界的公司入选，它们一起参与到本次的数码港元研发中来，如图 6.4.2 所示。

可以发现，香港特区政府把数码港元的各个功能板块分给各大巨头共同研发。不是香港特区政府请不到这些金融机构做顾问，也不是香港特区政府没钱请高级程序员写数码港元的代码，而是特区政府要借助这些传统金融机构的力量。只有把它们拉入到联盟链中来，数码港元才能迅速被推广和接受。因为这个世界是以高度中心化的方式组织起来的。数码港币研发涉及的 16 个金融机构就是 16 个线下中心，它们每个都拥有巨大的资源调动能力，它们也有意愿投入资源维护自己中心化的地位。

---

1. 全面支付——香港上海汇丰银行

2. 可编程支付——阿里巴巴、中银香港、建设银行（亚洲）、恒生银行、ARTA

3. 离线支付——工商银行（亚洲）

4. 代币化存款——恒生银行、香港上海汇丰银行、Visa

5. 代币化资产结算——万事达

6. Web3.0 交易结算——波士顿咨询、HKT Payment、众安银行、富邦银行、Ripple

图 6.4.2　数码港元各项功能代表企业

传统稳定币面临的问题

信用风险：传统稳定币的发行和兑换需要依赖于中心化的机

构或平台，这些机构或平台可能存在透明度不足、资金池缺口、超发或挤兑等问题，导致稳定币的价值无法得到充分的保障。例如，2018 年 11 月，美元稳定币 Tether 被曝出与加密货币交易所 Bitfinex 存在利益关联，涉嫌操纵比特币价格。

法律风险：传统稳定币的发行和流通可能受到不同国家和地区的法律法规的限制或监管，这些法律法规可能随时变化，给稳定币的使用者和持有者带来不确定性和风险。例如，2020 年 10 月，美国司法部门对 BitMEX 等加密货币交易所提起刑事诉讼，指控其违反反洗钱法等规定。

技术风险：传统稳定币的运行依赖于底层的区块链技术，这些技术可能存在安全漏洞、网络拥堵、共识故障等问题，影响稳定币的安全性和可用性。

数码港元的优势

数码港元具有与现有港元相同的法定货币地位，而传统稳定币则只能作为一种支付工具或数字资产而存在。

数码港元可以在法律和监管的保障下广泛应用于零售市场，而传统稳定币则可能受到其他国家及地区的管制。

数码港元是香港金管局的直接负债，其价值以港元及港府信用作为背书，而传统稳定币的信用主要源于美元的信用穿透及发行机构自身的商业信用。因此，数码港元具有更高的安全性和可靠性。

数码港元作为一种法定货币，支持实体资产的合规性和可信度最高。在实体资产上链过程中，数码港元作为一种高效和安全的结算工具，可以与其他代币化资产（如证券、债券、基金等）进行交换，实现即时付款，降低交易风险和成本。为了鼓励线下的中心机构参与实体资产上链，可以在制度设计上对线下机构进行激励。

房地产代币化已有先例

2018 年 8 月美国豪华酒店 St. Regis Aspen Resort 已经把自己酒店的部分所有权进行了证券型代币发行（STO），成为房地产领域第一个吃螃蟹的人。

St. Regis Aspen Resort 位于科罗拉多州阿斯彭（Aspen）小镇，该地区全年会举办各种各样的活动，如世界杯滑雪赛、冬季运动会、美食与葡萄酒经典赛，以及阿斯彭音乐节等。这个酒店本身就是一个世界级的度假胜地，一直吸引着名人、高净值人士和企业高管来度假。

STO 代币的发行过程分三步。第一步，选定发行方，这次承担发行任务的是 Templum Markets 网站，先要进行注册[①]。发行方负责验证资产的真实性，同时也要验证投资者身份的真实性。第二步，项目的营销推广方 Indiegogo，负责全网推广、分销。Indiegogo 和 Templum 所扮演的角色分别好比传统 IPO 流程中的保荐人和做市商。第三步，投资人通过身份验证后就可以投资 STO，也就是购买以 St. Regis Aspen 酒店股权为基础的 Aspen Coin，最低投资额是 1 万美元。

这次发行总共筹集了 1800 万美元。整个发币流程主要针对美国人，并且受美国证券法律法规监管。

2023 年 9 月 11 日，香港的太极资本也宣布通过其管理的封闭型基金发行香港首个房地产基金证券型代币 PRINCE，融资约 1 亿元，目标是收购太子道 139 号的 5 个铺位。这也成为香港批准的首个基金代币化集资模式。该项目目前只供资产净值在 800 万港币以上的专业投资者认购，相信如果运行顺畅未来会开放给大众购买。我们会持续关注后续进展。

---

① https://app.templummarkets.com/Authentication/LogIn

　　这样的房地产项目代币化好处是非常明显的。第一，大资产可以分成小块，让老百姓也能参与分享收益。第二，提升资产流动性，原本无法提供流动性的旅游房产现在通过代币化变得有流动性了。第三，整个交易过程在区块链上进行，理论上拥有更高的安全性和透明度，可以让投资者更放心地进行交易。

　　未来，随着市场的成熟，STO 市场的产品可以越来越丰富，像艺术品、古董等普通人无法投资、有钱人很难变现的产品都可以在区块链上发行代币进行交易。

07

香港严格监管交易所

7.1 去中心化世界里的中心化机构——交易所

过去几年，虚拟货币交易市场一直处于无人监管的灰色地带。虚拟币自由发展的结果是催生了形形色色的交易所，而交易所也成了区块链市场最中心化的机构，包括比特币这种去中心化的虚拟币其实也在被中心化的机构掌控。

比特币挖矿活动总量超 50% 被巨头控制

目前世界上最流行的两种加密数字货币，比特币和以太币背后均存在隐形权力结构。主要原因是比特币和以太币的挖矿过于集中，其中比特币 50% 以上的算力被前四大矿场控制。中本聪就是因为不满各国将货币发行捏在央行手中，才撰写了比特币的白皮书。比特币以其分布式和去中心化特征扬名，"去中心化"是比特币的核心，而现实中这种高度集中的挖矿算力本身就是一种中心化，甚至比现实中的央行更加中心化。

比特币玩家中的很多人认为，比特币社区中几百万成员都能使用自己的 GPU 挖矿，以实现绝对民主。事实根本不是这样，资本介入后开发专门的显卡用来挖矿，最终形成几大巨头。小矿工不得不把自己的资源注入到大的矿池中，因为只有加入更大的矿场，才可能产生更多收益。现在不仅仅是比特币，以太币也基本见不到私人小矿工的影子了。

比特币的设计机制允许"51% 攻击"。如果有人掌握了 50% 以上的算力，他能够比其他人更快地找到开采区块需要的那个随机数，就可以撤销已经发生过的交易。只是几个大巨头目前选择不作恶而已，并不是有什么力量可以制约他们不作恶。如果将来比特币投机的衍生收益超过他们作恶的成本，我相信他们会毫不犹豫地尝试"51% 攻击"。

92% 的比特币现货都在币安进行

截至 2022 年底，币安在比特币现货交易市场的份额达到 92%，现实金融世界我们很难找到这么中心化的机构，如表 7.1.1 所示。这就是"自由市场"的必然结果，绝对自由导致绝对垄断。

表 7.1.1　截至 2022 年底币安市场份额

币安市场份额	2022年1月1日	2022年12月28日	变化
比特币现货交易量（按真实成交计算）	45%	92%	+47%
比特币期货/永续合约未平仓	29%	30%	+1%
比特币期货/永续合约交易量	47%	61%	+14%
加密货币/永续合约未平仓	39%	49%	+10%
加密货币/用户合约已成交	56%	66%	+10%
BUSD稳定币市场份额	11%	14%	+3%

资料来源：Tradingview.Laevitas.CME Group

美联储对全球货币的影响力恐怕也比不上币安对虚拟货币的影响力。

比特币世界的"贫富差距"巨大

美国私营非营利研究机构美国国家经济研究局（National Bureau of Economic Research）发布的一份研究报告称，前 0.01% 的比特币拥有者持有 500 万个比特币，占全部比特币的 26%；前 0.04% 的比特币拥有者持有 62% 的比特币；前 0.35% 的比特币拥有者持有 84.5% 的比特币；前 2.05% 的比特币拥有者持有 94% 的比特币[①]，如表 7.1.2 所示。这是什么概念呢？美国最富有的 1% 的

---

① https://river.com/learn/who-owns-the-most-bitcoin/

家庭拥有全美约三分之一的财富，而这已经是发达国家里贫富悬殊最大的了。比特币的集中程度远超美国的财富集中程度。

表 7.1.2　2.05% 的账户控制着 94% 的比特币①

比特币余额	钱包地址	钱包地址占比	比特币数量	美元	比特币占比
(0，0.00001)	3257927	7.66% (100%)	15.57 BTC	$300,686	0% (100%)
[0.00001，0.0001)	7908554	18.59% (92.34%)	342.05 BTC	$6,606,145	0% (100%)
[0.0001，0.001)	10529463	24.75% (73.75%)	4,078 BTC	$78,754,534	0.02% (100%)
[0.001，0.01)	10503963	24.7% (48.99%)	39,840 BTC	$769,442,969	0.21% (99.98%)
[0.01，0.1)	6688837	15.73% (24.3%)	218,421 BTC	$4,218,458,349	1.14% (99.77%)
[0.1，1)	2773303	6.52% (8.57%)	858,785 BTC	$16,586,062,192	4.5% (98.62%)
[1，10)	724548	1.7% (2.05%)	1,827,361 BTC	$35,292,574,653	9.58% (94.12%)
[10，100)	132256	0.31% (0.35%)	4,268,930 BTC	$82,447,610,898	22.38% (84.54%)
[100，1,000)	13678	0.03% (0.04%)	3,872,676 BTC	$74,794,597,440	20.3% (62.17%)
[1,000，10,000)	2107	0% (0.01%)	5,039,773 BTC	$97,335,223,519	26.42% (41.87%)
[10,000，100,000)	92	0% (0%)	2,169,396 BTC	$41,898,433,646	11.37% (15.45%)
[100,000，1,000,000)	5	0% (0%)	778,627 BTC	$15,037,943,547	4.08% (4.08%)

从上述三点不难看出，以去中心化技术闻名的比特币其实在运行中是非常中心化的。比特币的挖矿、交易、持有基本都在大机构的控制之下，比现实世界更加中心化。

7.2 FTX 危机震惊币圈

FTX 交易所曾是币圈神话般的存在，它吸引了红杉资本、软

① https://river.com/learn/who-owns-the-most-bitcoin/

银集团投资，估值高达 320 亿美元。这么强大的公司，一样可以瞬间灰飞烟灭！起因很简单，FTX 的姊妹公司 Alameda Research 存在巨大债务问题。Alameda Research 有 74 亿美元真金白银的贷款，其最大资产是 FTX 公司发行的 FTT 币。我前面举过一个例子，自己发行 7500 亿枚"港网币"，把它炒到 1 分钱 1 个，市值就是 75 亿元；炒到 1 毛钱一个，市值就是 750 亿元。假设我拿港网币作抵押去贷款，我相信没有任何银行会贷给我钱，因为这个币没有流动性，而且价格很容易大起大落。FTT 币也是一样的道理！当曝出债务危机后，只用了 10 天时间，这家公司就破产了，320 亿美元估值灰飞烟灭。

美国证券交易委员会对 FTX 公司进行调查后发现，FTX 创始人班克曼 – 弗里德（Bankman–Fried）从投资者处筹集了逾 18 亿美元资金，且隐瞒了 FTX 与其交易公司 Alameda Research 之间的关系。

已经破产的 FTX 交易所创始人班克曼 – 弗里德被美国纽约南区联邦检察官指控犯有八项欺诈和合谋罪，包括窃取数亿美元的客户资金、误导投资者和贷款机构等，如图 7.2.1 所示。

FTX 交易所的"爆雷"，瞬间给投资人和散户一记重锤——没有监管的中心化交易所在虚拟币市场上就是一个引而不发的雷。就连市占率超三分之二的币安近年来也是官司缠身，谁又能保证它不是下一个 FTX？！

21财经 掌握全球财经脉搏

FTX创始人Sam Bankman-Fried被捕，SEC指控其策划了长达数年的欺骗

21金融街 南财号

胡天姣 2022-12-13 21:33

21世纪经济报道记者胡天姣 深圳报道

+订阅

图 7.2.1　美国证券交易委员指控 FTX 创始人 [1]

7.3 绝对自由导致多数人的暴政

少数人控制多数财富，在条件成熟的情况下，可能会引来极端的"仇富"。如果有一天，一项全民投票的提案说，把世界上前 1% 最有钱人的财富平均分给所有人，我相信这项提案会被后面 99% 的人通过。这种想象中的不公平事件已经在虚拟币社区里出现了。

---

[1]　https://m.21jingji.com/article/20221213/herald/e6e1d7d5423dc5c5159c018b777cc652.html

强制接管计划

Solend 是一个基于 Solana 区块链的去中心化借贷平台，它允许用户抵押一种资产来借出另一种资产。Solend 曾经提出一项治理提案，目的是降低一个巨额抵押头寸的清算风险，因为这个账户占了该平台总锁仓价值的 25%。这个提案的内容包括：授予平台官方团队 Solend Labs 紧急权力，允许其在场外交易中清算巨鲸账户，以避免对 SOL 市场造成过大冲击。

简单地说，就是 Solend 的用户提议控制其最大用户的钱包，理由是，这个账户的钱太多，多到如果该用户抛售手里的虚拟币会让整个市场流动性崩溃。为了避免这种情况发生，他们决定让 Solend 的团队接管这个用户的钱包，并在触及保证金触发器之前，在场外交易中对其进行清算。

为获授权，这个团队将提案提交给大家投票，投票最终获得了通过，这就是典型的多数人的暴政。这项提案引发了轩然大波，很多人认为它违反了去中心化的原则，侵犯了用户的财产权利。

这就是虚拟币市场自由发展的结果，在没有监管的情况下，大家都想着能用自己手中的权力谋取最大利益，不论手段是否合法。这种脱离监管的多数压迫少数的行为本身就是一种中心化的表现。

不论涨跌，散户都在亏损

很多人看到比特币这些年从几百美元涨到现在的两三万美元，总以为自己能从中赚到钱，甚至很懊悔当初为什么没买。我们的研究显示，即便散户购入了也是大概率被洗劫。你唯一的获利策略是买了币以后以年为单位不管它，假装自己没有这笔投资，但是 99.9% 的人是做不到的。

以虚拟币期货合约为例。当察觉到市场上多头为主力的时候，庄家们就可以用手中的大量虚拟币来砸盘，快速拉低行情，一波爆掉上方多头的散户们。下方的空头散户们会因此获利吗？不会。因为如果需要的话，庄家们会迅速进行相反操作，砸入资金抬升行情，再爆掉下方的空头。这就是为什么虚拟币行情总是上蹿下跳。庄家们通常会选择深夜用一两个小时完成上述操作。等散户们第二天醒来时，只能看到自己已经爆仓了。

在炒币最为火热的时期，交易所还会在行情不利于自己的时候"拔网线"。2021 年 4 月 16 日，狗狗币拉升大涨 200%，此时需要操作的用户却发现，无法登录账号了，无法交易止损、止盈或追加保证金。当天，3家炒币平台都涉嫌"拔网线"。这一轮操作下来，同时收割了多、空持仓的两批投资者。空仓持单投资者已爆仓，血本无归；多仓持单者空欢喜一场，盈利不仅消失，同样可能爆仓。交易所拔一次网线，插一次针，可引发至少几十万用户爆仓，收割至少数百亿元人民币，而代价仅仅是用户短暂的痛骂。这种明目张胆地操纵价格走势，操控交易系统，随心所欲收割、掠夺投资者的情况却没有任何法律监管。

随着币安成为虚拟币领域最大的交易所，它不再需要明目张胆地操纵价格获利，而是稳定地赚交易费。交易所设计出越来越多的投资工具，比如没有交割日的期货合约，也叫永续合约。

没有交割日也就意味着合约的价格没有一个强制约束，多方和空方可以随意约定一个很离谱的价格做对手盘，很容易变成赌博工具。为了避免离谱的价格出现，永续合约引入了现货价格指数的概念，并通过相应机制使永续合约的价格回归现货价格：

1.在某一时刻，当期货价格大于且明显偏离现货价格时，多方需要付费给空方。

2.在某一时刻，当期货价格小于且明显偏离现货价格时，空方需要付费给多方。

3.偏离的程度越大，付费的费率越高。

币安永续合约的资金费率每8个小时结算一次。这看似为用户着想，其实永续合约的出现就是为了放大杠杆，让散户们"赌"得更大。还是以币安平台为例，新注册的账号可以开20倍的杠杆，60天后更是可使用20倍以上杠杆，比特币永续合约最高可以开到125倍杠杆，以太币永续合约可以开75倍杠杆。

2023年8月18日凌晨，比特币异常下跌，根据COIN数据统计，全网共有12万人爆仓，8.2亿美元（约60亿元人民币）资金蒸发。网传是币安操纵了这次价格波动。随即币安交易所CEO赵长鹏出面澄清，自己没有参与操盘，也禁止币安员工参与虚拟币期货交易，如图7.3.1所示。道理很简单，币安已经是全球最大的交易所了，坐拥1.5亿用户，每天380亿美元交易额。只有吸引更多的人来交易才能利益最大化，所以一般情况下不需要做破坏公司信誉的事。

CZ ⬡ **Binance** ✔️ ⬨
@cz_binance

币安员工（包括我）禁止期货交易。产品测试团队有专门分配的限额账号。

咱只hold！

下午5:38 · 2023年8月18日 · **1.3万** 查看

9 转帖　　**13** 引用　　**57** 喜欢次数　　**1** 书签

图 7.3.1　赵长鹏发推特澄清

Triple A 报告显示，2022 年全球已有 3.2 亿加密货币持有者，其中美国最多（4602 万）、印度第二（2741 万），巴基斯坦（2645 万）、尼日利亚（2233 万）和越南（2021 万）分列三、四、五位，中国排名第六，约 2000 万。

不管是币安的 1.5 亿人还是全球的 3.2 亿人，严格地说，他们都在灰色地带。而香港将把这一切纳入合法平台。

7.4 香港 Web 3.0 把一切纳入合法轨道

香港将自己定位为虚拟资产的全球领导者，目的是让香港成为全球 Web3.0 的中心。

2023 年 4 月 28 日，香港金管局主动促请银行允许有牌照的虚拟资产服务商开户。6 月 16 日，香港金管局再次要求银行允许有牌照的虚拟资产服务商开户（因为香港短时间内吸引了 200 多家虚拟资产服务商）。曾经一度走在虚拟资产交易前头的新加坡也只是允许炒币公司落户，但不允许向新加坡居民推广炒币服务。香港则直接放开民众参与虚拟币投资，正式将加密货币合法化。

即使香港迫切想要走在 Web3.0 的前列，但是其对交易所的审批依然是十分严格的。超过 200 家交易所争先恐后地在香港申请牌照，但截至 2023 年 8 月仅批准了 2 家，OSL 公司以及 Hashkey 公司。这两家交易所的牌照甚至都不是新批准的，而是通过原有持牌升级的。换句话说，新获牌的交易所一个都没有。为什么？因为香港的要求很严格，要满足香港的监管需求，交易所大概需要投入 1200 万—2000 万美元的合规成本。

虚拟资产交易所应同时满足《证券及期货条例》及《打击洗钱条例》的要求才能向香港证监会获取双重发牌及核准（即同时申请 VASP 牌照及 1 号牌、7 号牌），如图 7.4.1 所示。

虚拟资产交易所（VASP）牌照申请，需要满足以下要求：

A. 公司：

1. 有在香港成立的公司，且有固定的办公地点；

2. 需要设有不低于 500 万港元的注册资本，流动资金需达到 300 万港元以上；

3. 子公司或关联公司须具有香港信托 TCSP 牌照，用于虚拟资产托管。

B. 人员：

1. VASP 的申请人、负责人员、持牌代表、董事及最终拥有人须符合 SFC 的适当人选测试；

2. 至少必须任命 2 名有虚拟资产服务经验的负责人员（RO），同时须满足以下条件：至少 1 名 RO 必须是 VASP 的执行董事，至少 1 名 RO 常居于香港，必须始终至少有 1 名 RO 监督业务；

3. 至少有一位 RO 持牌代表；

4. 需要有虚拟资产业务经验的审计师。

C. 合规要求：

除满足公司资质、公司人员要求外，同时还需要满足虚拟资产交易业务展业评估报告、AML/CTF、客户资产管理等一系列合规制度。根据 VASP 指引细则，这些申请的细节要求还包括：

适当人选的规定、胜任能力的规定、持续培训的规定、业务操守原则、财务稳健性、虚拟资产在平台的营运、预防市场操纵及违规活动、与客户进行交易、保护客户资产、管理监督及内部控制、网络安全、避免利益冲突、储存记录、核数师审计、持续汇报及通知责任等。

根据 VASP 指引细则，中心化虚拟资产交易所在营运时需要满足以下合规要求：

1. 稳妥保管客户资产

应透过一家全资拥有的附属公司（即"有联络实体"）以信托方式（TCSP 信托牌照）持有客户款项及客户虚拟资产。应确保储存在线上钱包内的客户虚拟资产不多于 2%。

不应存入、转移、借出、质押、再质押或以其他方式买卖客户虚拟资产，或就客户虚拟资产产生任何产权负担。其亦须备有保险，而其保障范围应涵盖保管客户虚拟资产所涉及的风险。

2. 了解你的客户（KYC）

必须确保每位客户的真实和全部身份、财政状况、投资经验及投资目标。在向客户提供任何服务前，须确保客户对虚拟资产有充分认识。

3. 打击洗钱／恐怖分子资金筹集

应设立和实施充分及适当的打击洗钱／恐怖分子资金筹集政策、程序和监控措施。平台营运者可运用虚拟资产追踪工具追索特定虚拟资产在区块链上的记录。

4. 预防利益冲突

不得从事自营交易或自营的庄家活动，并且应设有用来管理内部员工就虚拟资产进行交易的政策，以消除、避免、管理或披露实际或潜在利益冲突。

5. 纳入虚拟资产以供买卖

设立一项职能，负责订立、实施及执行有关纳入虚拟资产的准则，有关中止、暂停及撤销虚拟资产买卖的准则，包括客户可行使的选择权。

在纳入任何虚拟资产以供买卖之前，应先对该等虚拟资产进行合理的尽职审查，及确保该等虚拟资产继续符合所有准则。

6. 预防市场操纵及违规活动

订立和实施书面政策及监控措施，以识别、预防及汇报在其平台上出现的任何市场操纵或违规交易活动。应使用独立第三方的监察系统，且须向香港证监会（SFC）提供这个系统的接达权。

7. 会计及审计

应该在每个财政年度呈交核数师报告，当中应载有一项就有无出现违反适用监管规定的情况而作出的宣告。此外，SFC 还要求平台营运者应在每个历月结束后两个星期内及在 SFC 提出要求时，就其业务活动每月向 SFC 提供报告。

8. 风险管理

应要求客户预先将资金注入其账户内，并且不得向客户提供任何财务融通以购买虚拟资产。

图 7.4.1　香港 VASP 牌照申请要求

任何向香港公众主动推销服务的行为都被视为提供虚拟资产服务，无论服务提供地点或服务提供方是否在香港。无持牌经营即为犯罪，可处罚款 500 万港元及 7 年监禁。除此之外，虚拟资产交易所营运过程中的各种"失当行为"还可能面临来自香港证监会的纪律处分罚款。

除了对交易所要求严格外，就连投资虚拟货币的基金也要审批后才能上市。在香港发行虚拟货币基金必须持有 4 号牌和 9 号牌：目前香港有三只虚拟资产 ETF，主要是投资芝加哥商品交易所的比特币期货与以太坊期货。它们分别是南方东英比特币期货 ETF、南方东英以太坊期货 ETF、三星比特币期货主动型 ETF。

即便如此，还是有机构铤而走险。2023 年 9 月 13 日，香港证监会发布警示称，留意到一家名为"JPEX"的虚拟资产交易平台，透过社交媒体网红及场外虚拟资产货币兑换商积极地向香港公众推广该平台的服务和产品。香港证监会指出，JPEX 集团旗下的实体一概没有获证监会发牌，且并没有向证监会申领在香港经营虚拟资产交易平台的牌照，并指出该平台推广手法存在众多可疑之处，可能涉嫌违法。随后，香港警方亦介入调查并开展连串行动。

三家港股上市公司 hmvod 视频有限公司、中国天弓控股、协同通信分别于 2021 年、2022 年、2023 年发布公告，宣布与 JPEX

平台所属公司开展合作计划，但后续纷纷公告称停止合作。

其实早在 2022 年 7 月，香港证监会就在其官网定期更新的"无牌公司及可疑网站名单"中，称该公司"似乎"在其网站中提供虚拟资产相关产品给香港投资者，呼吁投资者若在不受监管的平台上投资，务必格外谨慎。

数码港元推出后，香港会逐步完善自己的交易生态。除了严格监管外，我们认为还可以从以下三个方面努力：

第一，香港可以考虑推出自己的虚拟货币期货，无须再让香港的虚拟货币基金盯住芝加哥商品交易所的走势。

第二，虚拟货币期货必须能够交割虚拟币或者用数码港元进行结算，而不是纯粹为炒作而生。

第三，打击非法交易所的同时，促请币安这样的头部交易所满足香港的监管要求，毕竟这是一个互相成就的过程。

08

香港从事后监管升级到事前防范

8.1 全球交易所"爆雷"不断

2022 年 11 月 11 日，加密货币交易平台 FTX 公司启动破产程序。新加坡国有投资机构淡马锡因此亏损 2.75 亿美元。新加坡副总理兼财政部部长黄循财表示，该损失令人失望，并对国家声誉造成损害。

2022 年 11 月 30 日，在新加坡国会上，有议员提出询问，新加坡政府是否会把该国打造成为加密货币交易枢纽，以巩固新加坡的金融中心地位。黄循财回应表示，几个月前，区块链科技引起人们的强烈兴趣，甚至有国会议员建议金管局快马加鞭，批评当局行动太慢，现在看来，人们对区块链技术的看法过于乐观，人们如今更务实地看待区块链技术的潜能。黄循财澄清，新加坡没有计划成为加密货币活动的枢纽，而是聚焦于成为一个创新且负责任的数字资产参与者。

要知道仅仅 6 个月前的 2022 年 5 月，新加坡副总理王瑞杰还表示，要将新加坡打造成为"去中心化金融中心"。可见这次 FTX

交易所"爆雷"对新加坡的影响有多大。

2023 年 6 月 5 日，美国证券交易委员会正式起诉全球最大的加密货币交易所币安及其 CEO 赵长鹏，认为其未经注册登记就发售币安币和稳定币 BUSD，指控其参与了广泛的欺诈、利益冲突、缺乏披露和蓄意规避监管等。

6 月 6 日，美国证券交易委员会又宣布起诉美国最大加密货币交易所 Coinbase 违反证券法规，指控 Coinbase 允许用户交易实质为未登记证券的加密货币，无视证券法的监管并逃避相关信披要求。

此外，美国分别对稳定币、加密机构、交易所采取执行行动。如 2023 年 2 月 13 日，美国证券交易委员向加密基础设施提供商 Paxos 发出"Wells"通知，因为该公司参与了币安美元稳定币发行，并称该稳定币是一种未注册的证券。

2 月 14 日，纽约州金融服务部发布消费者警报"关于 Paxos 发行的 BUSD 的通知"，其表示 Paxos 是一家受纽约州金融服务部监督的有限目的信托公司，现已命令 Paxos 停止铸造发行 BUSD。

3 月 22 日，美国证券交易委员宣布对波场（TRON）公司创始人孙宇晨及其三家全资公司 Tron Foundation Limited、BitTorrent Foundation Ltd. 和 Rainberry Inc.（前身为 BitTorrent）提起诉讼，

指控它们未经注册提供和销售加密资产证券 Tronix（TRX 币，波场币）和 BitTorrent（BTT 币）。

3 月 27 日，美国商品期货交易委员会（CFTC）在官网宣布，已向美国伊利诺伊州北区联邦地区法院提起了一项民事执行诉讼，指控赵长鹏和三家运营币安平台的实体多次违反《商品交易法》和 CFTC 规定。

为什么美国频繁加强对虚拟币交易市场各方面的监管？

因为 FTX "爆雷" 等事件暴露了加密货币行业存在挪用客户资金、虚假交易、操作价格等违反证券法的行为，而币安、Coinbase 等交易所并没有遵循证券法的规范来运营，也并未在美国的法规监管下就对美国用户提供服务。

在没有政府介入的情况下，区块链技术 "爆雷" 不断，即使如美国等金融大国政府也只能事后监管，疲于奔命。

8.2 香港：全面监管，未雨绸缪

因为香港特区政府对虚拟资产交易所的审批非常严格，到目前为止只批准了两家交易所，但是，对 "未开市" 状态的香港虚拟资产交易市场的监管却已经全面布局。

用户实名，从底层开始管理

自 2023 年 6 月 1 日起，香港所有参与虚拟币交易的客户，注册账户和提款时都要实名认证。在购买或售卖加密货币前，用户均须进行人脸认证和手持身份证件拍照的流程。

虚拟币以前的最大用途是地下经济，而香港炒币必须实名，直接消灭了在香港当地通过虚拟币洗钱、贩毒的可能性，此举也同时为虚拟资产在香港的运营正名。

推行数码港元，保证虚拟资产交易媒介的稳定

LUNA 崩盘事件始终警醒着每个参与虚拟币交易的主体——没有稳定资产的稳定币终归是一个隐藏的炸弹，随时可能爆炸。

香港本次改革最大的突破就在于"数码港元"。这是主权货币首次深度介入稳定币的研发和应用，为解决区块链空转问题贡献了香港力量。数码港元的 Web3.0 交易结算功能让它可以在不同的区块链平台上交易，很明显，这就是为了部分取代目前的稳定币。

如果未来数码港元能成为虚拟币的定价货币、交易货币，那就再也不会发生稳定币崩盘这样的事情了。而一旦香港能够实现实体资产顺利上链，区块链技术将成为香港元宇宙最坚实的基础，香港也将因此成为第三代互联网最重要的技术和金融中心。

可能有人会担心香港的外汇储备如何能保证稳定币与虚拟货币间的自由兑换。这个担心有一定的道理，因为毕竟香港目前只有 4200 多亿美元的外汇储备，但是元宇宙是万亿美元级别的市场。我们认为，香港的外汇储备只有短期压力，而无长线问题。

短期而言，因为 2022 年人口大流出导致香港外汇储备从 2021 年 12 月的 4969 亿美元跌到 2022 年底的 4240 亿美元。最新的数据是 4216 亿美元（2023 年 7 月），如果再加上数码港元，好像是雪上加霜。但是长期来看问题不大，因为香港的数码港元对标的并不是美联储，而是 USDT、USDC 这样的稳定币公司。相比它们，香港特区政府的信誉和资产要好得多。而且 USDT 这类公司的稳定币只能线上运作，而数码港元是有真实消费场景支撑的。

我们认为，数码港元具体落地层面可以分几步执行。前期肯定是直接以美元储备为支撑给客户自由兑换，这也是目前港元现金的发行方式；中期随着发币量的增加，香港金管局对应增加并定期披露自己持有的资产（包括但不限于美元存款、美国国债，同时可以增加中国国债、人民币、欧元、日元等主流资产），让市场知道港府持有超额储备，同时逐步实行浮动空间更大的联系汇率；最后，根据元宇宙市场的发展情况，比如元宇宙带来的税收、元宇宙基础设施带来的收入等具体情况，使数码港币的发币渠道更多元化。最终，香港可以凭借自己在元宇宙领域的信誉来发行数码港币。当然，这个实现周期可能会很长，也会碰到很多的冲击，但是大方向应该是没问题的。

展望未来

各大机构对全球 Web3.0 市场十分看好。花旗银行认为，包含 Web3.0 虚拟应用、智慧设备在内的 Web3.0 市场规模将于 2030 年达到 8 万亿—13 万亿美元，布伦伯格预计为 2.5 万亿美元，普华永道则预计为 1.5 万亿美元，如图 8.2.1 所示。不管怎么说，这都是一个庞大到不能被忽略的数字。

随着香港特区政府主导构建以线下中心化机构为节点的联盟链，通过其背书的房地产等实体资产上链，这个市场将会更大，甚至远超这些机构的预测！

数码港元
Web3.0 构建香港新金融

市场规模

花旗银行（**Citibank**）
（8兆—13兆美元）

布伦伯格（**Bloomberg**）
(2.5兆美元)

郎希尔（Rroundhill）
(2.3兆美元)

普华永道（**PWC**）
(1.5兆美元)

埃默根研究公司（Emergen Research）
(8290亿美元·2028年）

宏景（Grand View）
(6788亿美元）

市场与市场（Markets and Markets）
(4269亿美元·2027年）

2027年　2028年　　　2030年

产业科技国际策略发展所　　资料来源：Market sand Markets

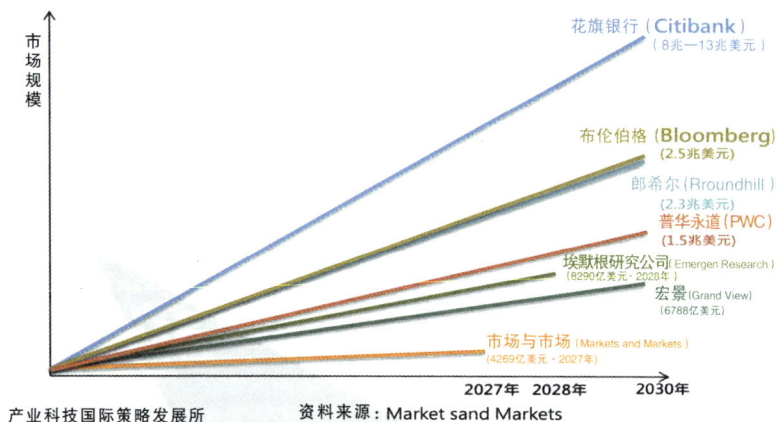

图 8.2.1　各机构对 2030 年全球 Web3.0 市场预测

09

元宇宙——Web3.0 的终极形态

9.1 区块链成为元宇宙的经济基础

香港特区政府介入区块链后可以解决三大问题：第一，通过联盟链的方式解决线下资产上链问题，所有上链资产都经过线下的中心机构认证，确保上链资产真实可靠。第二，联盟链具备去中心化的可信度和中心化的交易效率，是区块链技术和现实世界强强结合后的成果。第三，数码港元直接参与链上资产交易，拥有主权信用，摆脱了稳定币的风险，彻底解决了支付问题。加上香港特区政府的事前监管，区块链技术具备了蓬勃发展的可能，为元宇宙技术奠定了经济基础。

元宇宙是一个没有争议的未来产业

元宇宙技术诞生之初几乎没有任何争议，这和区块链技术的诞生有着明显不同。正因如此，科技巨头们对元宇宙的投资要比区块链技术大得多，也彻底得多。比如脸书（Facebook）直接把公司名字改成了 Meta（元），Meta 正是元宇宙（Metaverse）的词根，而且还把公司五分之一的人力资源投入到虚拟现实（VR）和增强现实（AR）业务上。

苹果公司在 2015 年就开始收购 AR 初创公司，目前，苹果已有 330 多项公开可查的 VR/AR 关键专利，18 笔相关并购。

英伟达 2021 年 4 月宣布，正式推出适应"元宇宙"的虚拟工作平台 Omniverse。用户可以建造数字孪生世界，在虚拟世界进行协同工作，除了娱乐之外，还能进行汽车设计、工业生产、建筑施工等。

中国的公司也不落后，2020 年底腾讯提出"全真互联网"的概念，和元宇宙基本是一个意思。字节跳动、网易都在投资元宇宙相关的游戏，百度打造了多人互动平台"希壤"，B 站也在打造元宇宙平台；华为则在研究 AR 技术，试图打造一个与现实无缝融合的数字地球（河图）。

我们可以肯定的是，即便没有"元宇宙"这个词的出现，巨头们也在朝着真实世界和虚拟世界融合的方向前进。因为所有的软硬件都具备了：音视频低延时通信、计算能力、人机交互、区块链技术、虚拟货币等。现在差的只是临门一脚。

尤其是腾讯开始明确做某一件事的时候，一定是这个行业已经成熟的时候，因为手握数量庞大用户的它从不冒险。腾讯 2020 年开始做"全真互联网"，其实释放了一个信号——未来已来！元宇宙已经成为一个没有争议的未来产业。

探索元宇宙的需求源于人类的真实欲望

在基本的温饱问题解决以后，动物满足自己感官刺激的欲望是无穷的，远超对食物的需求。从生物学的角度看，人类在吃饱喝足以后，所有的感官享受本质上不过是身体传达给大脑的电信号。如果有一种方式能合法并直接产生感官刺激，让人的各种欲望都能在虚拟空间得到释放，它一定能获得足够的关注。这就是元宇宙最初的动力。

想象一下就够刺激的。戴上头盔进入虚拟世界，理论上你可以摆脱现实世界的一切物理限制。可以行侠仗义，可以为非作歹，可以一掷千金，可以一呼百应，可以瞬间移动，可以学技能，可以交朋友，可以做生意，可以做在现实世界尤法做的事情。所以，这是一个充满想象力的世界，与此同时，这是一个可以让资本定义规则的世界，一个可以摆脱世俗监管的世界，一个可以让资本直接进入人类大脑获取信息的世界。而这一切又基于人类的欲望，所以一切都顺理成章地捆绑在了一起。

开创元宇宙源于资本的增值冲动

资本对于打造一个能直接满足人类欲望的元宇宙充满渴望，而且可以预见，元宇宙（虚拟世界）的经济总量未来肯定会超过真实世界，或者说数字生活的价值未来一定会大于物理生活，这是吃饱穿暖后的人类本能决定的。

当然，资本不是盲目的，它掌握在这个世界最聪明的一群人手中。虽然当下的软硬件只够撑起一个简单的虚拟世界，但是他们害怕错过风口，怕将来被虚拟世界抛弃，所以都在迫不及待地抢入场券。现在，红杉、高瓴等风投正在进行饱和式投资，把元宇宙相关的重点领域投了个遍。他们也清楚，最后只要有几家公司能走出来就够了。

经济学家朱嘉明这么评价元宇宙：如今"虚拟世界联结而成的元宇宙"，已经被投资界认为是宏大且前景广阔的投资主题，成了数字经济创新和产业链的新疆域。不仅如此，元宇宙还为人类社会实现最终数字化转型提供了新的路径，并与"后人类社会"发生全方位的交集。现在摆在我们面前的，是一个可以与人类历史上的大航海时代、工业革命时代、宇航时代等具有同样历史意义的新时代。

没有资本能够放弃这样一个大时代，没有资本愿意错过这样一个大时代。

未来已来

元宇宙正在一步一步朝我们走来。按照目前的技术支持，搭建元宇宙这样的全息平台还要 5—10 年。其中最核心的是人工智能的发展，其次是全息投影、动作捕捉、体感技术，以及数据处理。

未来的情况可能是，现实世界对于普通人来说已经不再重要，虚拟世界可以满足普通人的所有愿望。这也意味着资本可以掌控人的一切。我们可以把这种状态称为虚拟奴役！我们进入虚拟世界的设备和平台可以了解我们看到、听到、感受到的所有刺激，知道我们的所有反应。最后一定是，资本比我们自己更了解自己。这意味着很多人会失去思想的自由，思想甚至可以被植入。最终结果就是：资本可以通过虚拟世界掌控真实世界。正如美国思想家尼尔·波兹曼在《娱乐至死》中说的："人们因为享乐失去了自由。"

刘慈欣说:"人类的面前有两条路,一条向外,通往星辰大海;一条向内,通往虚拟现实。"元宇宙就是终极的虚拟现实。

香港的元宇宙和元宇宙的香港

对于香港来说,第一步肯定是把物理世界的香港进行数字化,搬到元宇宙空间,让全世界的人可以观看维港夜景、旺角街景、跑马地等典型香港特色景观。第二步,全世界的人只要戴上头盔就可以"来香港"看演唱会、去马场下注、在大学上课并获得正式文凭、去商场购物并邮寄全球,等等。第三步,所有为数字香港提供算力的计算机都可以获得代币,这些代币可以在元宇宙的香港使用。当然,这只是一个非常粗略的构想。

9.2 进入元宇宙的三大难题基本解决

显示硬件

图9.2.1是扎克伯格为大家演示的虚拟现实头盔Oculus,这是

目前全世界销量最大的 VR 设备，2022 年的销量约 1200 万台。实际上这是一个很初级的显示设备，分辨率是 1832×1920，也就是我们说的 2K 像素。Meta 和 AMD 的研究都显示，VR 体验的完美分辨率是 16K（1.6 亿像素）。

图 9.2.1　扎克伯格演示 Oculus

苹果公司 2023 年 6 月发布了虚拟现实头显（VR、MR 技术），已经实现了单眼 4K、双眼 8K，距理想的 16K 只有一步之遥，如图 9.2.2 所示。根据实际体验看，苹果的 Vision Pro 已经基本能满足虚拟现实的需求。

很多玩过 VR 体验馆的人会有眩晕的感觉。主要是因为身体姿势的变化和视觉变化不匹配，也就是图像的显示速度还不够快，人的大脑就会产生眩晕感。希望苹果的虚拟现实头显面世后能够解决这一问题。

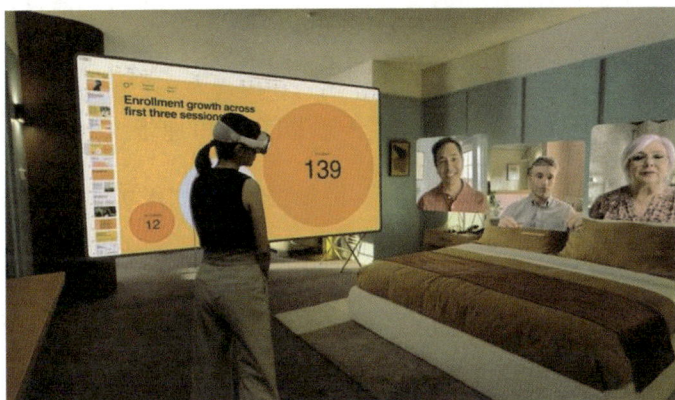

图 9.2.2　苹果 Vision Pro 虚拟现实展示

人机交互

人机交互包含两个层面，一是触觉反馈技术，二是脑机接口技术。

人体的感觉细胞很复杂，也很灵敏，我们手指触摸物体时既可以承受几十千克的压力，也能感受物体表面几微米的纹理。但是现在的手柄或手套只能给震动反馈，距离真正的触觉反馈还有点距离。

市面上的触觉手套或者体感衣要用到很多传感器，传感器可以感受压力、温度、湿度、角度、磁场、电流、声音、运动状态、雷达信号等信息。想要消费者感受越真实，需要的传感器就越多。但是现在的传感器技术集中在日本和美国的少数大公司手中，价格很离谱。比如日本的阵列式传感器能在 10 厘米 × 10 厘米大小的基质中分布 100 个敏感元件，但是售价高达 10 万元。而国内产品一般 100 元一个，但是多为一点式，根本无法满足手套、体感衣等精密应用。现在市面上的触觉反馈手套也就有十几个传感器，主要用来捕捉手的状态，外加震动功能，没有真正意义上的触感。

体感衣的进展更快一点儿，现在市面上的触觉反馈衣服已经可以模拟 30 多种感觉：包括自由落体、高速运动、举重、昆虫叮咬、刀伤、枪伤、穿透伤、触痛、拥抱等。但是价格也还不够亲民，希望中国公司能尽快取得进展，把价格打下来。

气味模拟器目前也有了突破，日本 Aromajon 公司的产品 Aroma Shooter 已经可以模拟 6 种味道（葡萄柚、篝火烟雾、面板、橡胶等），并可以和音乐、视频同步，散发适配的味道，延迟仅 0.1 秒，气味最远可喷射至 1.8 米。

人机交互的终极模式是脑机接口。2005 年，人类首次实现用侵入式脑机接口来控制机械臂；2014 年巴西世界杯上，一位瘫痪的年轻人在脑机接口的帮助下通过控制外骨骼开出了比赛第一球。2019 年，脑电波打字系统实现 0.413 秒输出一个英文字符，已经和直接用手敲击键盘的速度差不多。可以说脑机接口是摆脱所有人机交互难题的终极解决方案。马斯克和扎克伯格的公司都在研发这一技术。2022 年 11 月 30 日，马斯克在脑机接口发布会上展示了一只头骨上装有电脑芯片的猴子"Sake"，Sake 通过屏幕和大脑里植入的设备，拼出了"Can I please have snacks"的短句。2023 年 6 月 16 日，马斯克在法国 VivaTech 活动上表示，他的脑机接口创业公司 Neuralink 计划在这一年进行首例人体试验。公司打算在一名四肢瘫痪或截肢的患者身上植入一个设备。

即便如此，现在的研究进展距离元宇宙的需求还差十万八千里。与其说是脑机接口帮助病人，不如说是机器训练大脑发出特定脑电波适应电脑程序。比如瘫痪的门德斯利用思维驾驶一级方程式赛车，他发现：计算机并不能准确地区分"右转"或"左转"的指令，他必须想办法在脑海中制造出思维"巨浪"，否则外界装置可能根本捕捉不到。当他想加速时，他必须在脑海中设想足球进球后的庆祝画面；想要右转时，他要想象着吃一些美味的食物；想要左转时，他会努力回忆握住自行车把手的感觉。这些混合了各种感官的思维使大量神经元放电并被计算机捕捉到，进而转化为实际的机械运动。

马斯克公司的脑机接口原理也是上面说的这样，捕捉脑海中的特定电波，把电波转化为机械运动。本质仍然是训练大脑。所以我们不能高估脑机接口的进度，根源在于我们不知道大脑中860亿个神经元和数万亿个突触的工作方式。现在只知道不同的思维方式会产生不同的脑电波，通过这些脑电波转化的电信号来控制机器，这个过程是大脑被训练的过程，不是被解读的过程。所以，未来还有很多技术需要研究。

算力革命

算力革命包含两个层面，一是计算能力，二是计算方法。计算能力提升要靠芯片，现在摩尔定律即将达到极限，芯片制程突破1纳米以后，进展越来越慢。因为1纳米几乎是硅基材料的物理极限，在没有找到新的材料替代硅之前、在量子计算机应用之前，人们只能在计算方法上下功夫了。

计算方法的革新就是人工智能。人工智能就是一种学习人脑运转模式的深度神经网络算法。我们现在用到的垃圾邮件过滤、微信的语音转文字、淘宝广告的个性化推荐、苹果 Siri、谷歌机器翻译、AI 读片筛查肿瘤,这些都叫人工智能。它们用的都是神经网络算法,这种计算方式能够更聪明地运用算力。也许未来实现元宇宙靠的是更聪明的算法,而不是依靠摩尔定律。

算法上的突破可能很快就会到来。尤其是 ChatGPT 出现后,人工智能可能已经越过了某个奇点,AI 正在以我们难以想象的速度飞速发展,这类突破可能很快就会到来。

讲了这么多元宇宙即将碰到的问题,并不是不看好这一行业,只不过元宇宙需要的技术条件太高罢了,但是元宇宙领域的任何小小突破都能在现实世界产生很大影响。

9.3 元宇宙技术的现实意义

制造业变革

现在,远程工作从技术储备到经济上都已经具备了可行性。戴上高清 VR 眼镜或者看着大屏幕就能直接进入虚拟工厂,穿上动作传感衣机器人就能捕捉你的所有动作。中国或印度等发展中国家的工人可以直接通过机器人替身在美国或欧洲的工厂劳动。

除了极高精度的工作需要现场完成，像集装箱搬运、汽车制造、玻璃生产等普通劳动已经完全可以通过远程控制进行。甚至能够在中国远程驾驶美国高速公路上的汽车。所以，美国卡车司机不足主要是政治原因带来的，不是多大的技术难题。

当一个身在印度或中国的工人在欧美工厂远程工作的时候，他因工作产生的所有数据将被完整记录。当他工作几年甚至几个月以后，可能他就把这个工作所需要处理的场景全部都碰到过了，以后就是不停地重复，几乎所有制造业工作都是如此。这些工人工作时产生的大数据是超级宝贝，通过人工智能，把所有工人的数据进行分析，然后选出最优路径。这时候远程工人也不重要了。机器人有了如何工作的数据后就不需要工人了。机器人可以根据以前的运行数据自行工作。这并不是科幻，而是已经在三一重工北京工厂发生过的事情。他们让机器人学习自己工厂两个最优秀的焊工的操作技术，然后焊接机器人取代了工厂的 400 名焊工，焊接效率还提升了几十倍。这个工厂经过数字化改造后，员工从 1000 多人变成十几个人。

这类技术还没有大规模普及是因为我们的人工成本还不够高。三一重工改造了十几个黑灯工厂，投资过百亿。现阶段，智能化改造对中国 99% 的企业来说都太贵了！但是不管怎么说，技术储备已经完全没问题了。

在可以预见的未来，制造业的行业界限将渐渐消失，工业软件和大数据将充斥整个制造业，通过网络协同将产生一个新型生产制造网络，制造本身会融入到互联网。如果说工业时代是原子时代，那么信息化时代则称为比特时代。工业革命以动力能源改变了世界的原子结构，信息革命则以计算机和互联网技术重构出一个信息空间。原子代表物质，比特代表信息，元宇宙则是将原子信息化，消除两者的差别。

游戏、教育变革

歌德说，每一种艺术的最高任务都是通过幻觉产生一种更真实的假象。游戏恰恰是最真的虚幻。游戏的魅力在于它能提供实时互动，这是人类大脑最喜欢的激励模式，也是最本能的激励模式。因此，元宇宙的诞生可以说是信息技术发展不可避免的未来。

大家可以去体验一下全国各地的 VR 电竞娱乐。目前这个产业正以惊人的速度发展，现在已经能够实现 1000 平方米范围内同时有 40 个人参与游戏。这 40 个人可以同时被激光定位和动作捕捉，进行各种 VR 对战，比如《未来光轮》《未来战场》《变种入侵》《峡谷英雄》等游戏。

游戏是元宇宙社会的第一个载体，经历过线下虚拟体验中心的繁荣后，这些设备最终必将进入千家万户，就像电脑设备从网吧进入老百姓的书房一样。

除了游戏外，元宇宙影响最大的将是教育产业。教育需要极高的注意力，元宇宙完美地匹配了教育的特点。刘慈欣在《乡村教师》中描述人类的教育："一种没有记忆遗传，相互间用声波进行信息交流，并且是以令人难以置信的每秒1至10比特的速率进行交流的物种。"的确如此！我们的教育和这个信息时代相比显得特别落后。全世界的教育方式和两千年前比没有本质进步。可能元宇宙是改变这一切的开始。

学生在虚拟现实（元宇宙）中进行学习，他的注意力会高度集中，不会左顾右盼，不会被窗外吸引，不会传纸条，也很难发呆。高度集中精力的情况下，可能一节课可以学过去四五节课的内容，这是很容易实现的。VR教育的实现可能改变学校存在的价值，学校会成为虚拟现实教育的线下实验场、答疑解惑场、问题讨论场。在可以想象的将来，完全不用搞培训班，可以以学科为单位，把每门课从入门到行业前沿的学科知识全部VR化；买一个学科的课程就送VR设备，市场巨大。

　　不管当下有关部门对在线教育的监管有多严厉，科技终究会渗透到它能改变的领域。

一个充满想象力的未来

　　和元宇宙同时到来的可能是人类有史以来最大的失业潮。随着元宇宙技术的发展，我想不出来有什么人类工作是智能机器人不能替代的。我们曾以为棋类是只属于人类的智力游戏，结果一个神经算法就把人类最顶级的围棋选手给打败了。现在机器人医生阅读 X 光筛查癌症的能力已经超过人类医生，这意味着未来所有的机器检查信息都可以让计算机读取和分析。机器人律师的出现已经让美国律所大幅减少了新人的雇用。就连读完一本小说总结出一个大纲这么高难度的事情，智能机器人也可以完成，至于其他的银行、保险、会计、音乐演奏等重复性工作就更不用说了。

　　这一切的根本原因在于，我们的脑子无法理解计算机算力 2 年翻一番意味着什么。不管我们理不理解，它就是以这样的速度增长了 40 年；同时，计算速度加快了 100 万倍。100 万倍意味着什么？我们的大脑不容易给出一个准确概念，因为身边没有类似经验。举个例子，一般人跑步的速度是每小时 10 千米，速度加快

10 倍就是汽车，加快 100 倍就是我们常见的民航客机，加快 1000 倍就是人类创下的速度极限——美国制造的 X–43 极音速飞行器，每小时 1.12 万千米，只保持了 9 秒。所以，计算机的速度增长了 100 万倍，我们无法理解很正常。结果就是，我们总是错误地低估计算机的能力。

元宇宙的星辰大海已经迎面扑来。